Python编程基础

是法律人学习AI的必由之路

ChatGPT则是良师益友

法律人的Python课

张力行　编著

中国政法大学出版社

2024 · 北京

图书在版编目（CIP）数据

法律人的 Python 课 / 张力行编著. -- 北京 ：中国政法大学出版社, 2024. 6. -- ISBN 978-7-5764-1524-7

Ⅰ. D9-39

中国国家版本馆 CIP 数据核字第 2024UR0711 号

书　名	法律人的 Python 课 FALÜREN DE PYTHON KE
出版者	中国政法大学出版社
地　址	北京市海淀区西土城路 25 号
邮　箱	bianjishi07public@163.com
网　址	http://www.cuplpress.com (网络实名：中国政法大学出版社)
电　话	010-58908466(第七编辑部) 010-58908334(邮购部)
承　印	固安华明印业有限公司
开　本	880mm × 1230mm　1/32
印　张	7.75
字　数	200 千字
版　次	2024 年 6 月第 1 版
印　次	2024 年 6 月第 1 次印刷
定　价	48.00 元

PREFACE | 前　言

教育不是把桶灌满，而是将火点燃。

——苏格拉底

人工智能作为第四次工业革命的关键性技术，特别是在以ChatGPT为代表的生成式人工智能（AIGC）大模型横空出世后，正在以前所未有的速度改变着世界，而人工智能的实现离不开计算机编程语言。在众多计算机编程语言中，Python 脱颖而出，成为实现人工智能的最佳选择。这几年 Python 编程语言如此火爆，其火热程度仅次于20 世纪 80 年代国人学习英文的狂热。市面上各种有关 Python 编程的书籍琳琅满目，各类 Python 编程培训班也如雨后春笋般涌现，价格从几百元到几千元，让热爱学习的朋友们不知所措。当然，网上也有一些免费的课程，但是质量参差不齐。怎样才能更好地学习Python编程语言，已经成为困扰大家的难题。

市面上很多 Python 编程的书籍和培训班一般都比较适合程序员和理工科背景的学员。对完全没有编程背景的文科生，包括法律学生来说都不太适合，以至于很多这样的学员报名参加了学习，却难以坚持到底。即便完成了课程的学习，也不知道应该怎么在工作和学习中使用 Python 编程语言。一旦失去实践的机会，所学的 Python 编程知识和代码很快也就被忘得一干二净了。

这就是我要花时间和精力写这本书的初衷。而真正下决心写这本书还有一个故事。2018 年，经深圳大学法学院原院长黄亚英教授的介绍，深圳职业技术学院法律事务专业的老师来参观我的“法律实验室”。他们计划开设法律人工智能的课程，曾经也走访了国内好几个法学院，发现我国法学院都还没有开设此类课程。在参观完我的“法律实验室”后，又观摩了实验室开发的法律机器人，他们感到非常欣慰。他们终于发现了他们想要的东西。我建议他们开辟一条新的途径，以建立“法律人工智能实训中心”的形式，既可以开设课程，又可以理论联系实际，学以致用。应他们之邀，我根据我的法律人工智能系统研发经验，编写了“法律人工智能基础”的教学大纲和实训计划。

但是这么复杂的课程，应该如何入手呢？计算机专业和其他理科生都是从数学和统计概率学入手学习人工智能的。但是没有一定的数学基础，又不懂编程的文科生包括法律人，该怎么学习人工智能呢？从数学和统计概率学入手是不现实的。传统的编程语言，比如，C、C++、Java 都比较难学，需要具有计算机专业水平，所以都不适合文科背景的法律人学习。幸好我们的法律人工智能项目开发用的编程语言是 Python。Python 是一种很好的人工智能语言，简单易学，而且是开源的，可以免费自由使用。Python 可以用类似英文的语法编写程序，编写起来非常轻松，所以很多大专院校的计算机课程也将 Python 作为入门编程语言。

为了能帮助深圳职业技术学院法律事务专业开设法律人工智能课，我购买了大量的Python编程书籍，考察了市面上很多培训班。最终选定了令我受益匪浅的“万门大学”高正老师开设的20个学时“Python趣味精讲”，并在新冠疫情期间完成了全部课程，还把学习笔记和学习心得做成微信公众号推文，在我的“法律实验室”公众号上分享，收到了不错的反响。因此，我萌生了把微信公众号上的Python基础推文汇集成书的想法。

除帮助深圳职业技术学院法律事务专业建立“法律人工智能实训中心”外，我还帮助深圳国际仲裁院建立了“智慧仲裁实验室”（Arbitration AI Lab），其是国内外仲裁机构中为数不多的人工智能实验室。之后，我又和北大法宝合作，一起在北京理工大学法学院建立了“法律人工智能实训基地”。2023年，我们又在福州大学法学院建立了“法律人工智能实验室”，使其成为我国南方地区第一个建立这类实验室，并开设法律人工智能课程的法学院。随着越来越多的法学院准备开设法律人工智能的课程，越来越多的法律人渴望通过学习Python编程语言来学习人工智能，我想本书一定会对大家有所帮助。

虽然其他编程语言也可以做机器学习、深度学习和自然语言处理，但是在我看来Python更简单易学。正如美国深度学习框架Keras之父——弗朗索瓦·肖莱在他的《Python深度学习》一书中所做到的，不用任何数学公式，只用Python就可以帮助初学者直观地理解深度学习的核心原理和运作方式。也正如他所说的：“只要具有基本的Python编程技能，就足以从事高级的深度学习研究。”说到这里，为什么要学习Python也就更加不言自明了。既然如此，我们为什么不结合法律人的知识结构和需求准备一个简单、实用的教材呢？

我们在参考了大量资料的基础上，花了半年多的时间终于完成了本书的初稿。为了帮助大家事半功倍地学习，我们更是花费不少心思做了 Python 思维导图——大道至简，一图胜千言。思维导图可以加深理解、强化记忆，是学习的良师益友。附录中的Python思维导图，非常方便大家学习和复习。我们还归纳了 150 个 Python 常用代码，供读者练习使用。为了学以致用，还用 Python 的第三方库做分词、词频、词袋模型、TF-IDF、Word2Vec 做法律实践项目，从而启发和培养大家将 Python 用于实际工作的想象力和创造力。其实 Python 和其他计算机语言一样，是一种优雅的表达方式。大家一定可以在学习和使用中领略 Python 之美。

尽管我们已经竭尽全力，但是因为我们水平有限，所以难免百密一疏。我相信，在今天这个快速进化的数字化、智能化时代，法学教育一定会与之融入，后疫情时代正在加快这种融合的速度。本书很有可能成为法学院最受欢迎的一门课程，因为它不仅可以成为一门独立的课程，还可以跟很多法律专业课程融合讲授。一边写代码，一边学法律，再用代码完成作业，真可谓其乐无穷。所以我非常愿意抛砖引玉，把我所知道的、所用到的，特别是经验教训拿出来跟大家分享。书中的错误和问题在所难免，我们诚心欢迎读者随时提出宝贵意见和建议，使我们可以不断修改、更新，为法律人学习 Python 编程语言提供最友好、最实用的教程。

成书过程很艰辛，从构思到今天成稿历时一年半之久。在此，我对给予我帮助的朋友们致以最诚挚的感谢。他们的贡献是：深圳老年大学何丽芬老师负责在我的“法律实验室”公众号上发布 Python 基础的推文和本书中的插图设计；北京石油化工大学朴星亮老师组织、指导关艳秋同学负责本书排版；牛奥同学负责本书代码部分的验证；赵浩然同学负责本书版式的整理。他们的热心帮助使这本书的出版成为可能。

最后，我还要特别感谢北京交通大学法学院郑飞教授向中国政法大学出版社推荐出版这本帮助法律人学习 Python 这门人工智能语言的书，还有中国政法大学出版社的编辑老师对本书编校所付出的辛劳。

就在一切准备就绪之际，一个影响整个人类社会的颠覆性技术——ChatGPT 扑面而来。它是人类历史上的又一次科学启蒙，是脑力工作者的一次工业革命，其影响力会超过互联网和 iPhone，重新定义我们的学习和工作方式。ChatGPT 对 Python 的学习也产生了深刻的影响，因为它可以让 Python 的学习更高效、更简单。为了与时俱进，我们又特意撰写了第 16 章，即“如何用 ChatGPT 学习 Python”，将我们使用 ChatGPT 学习和使用 Python 的心得与大家分享，让大家在提高学习效率的同时，也可以领略 ChatGPT 这个 AI 大模型的魅力，并亲眼见证人工智能从量变到质变的飞跃。

张力行

2024 年 6 月于北京

CONTENTS | 目　录

如何使用本书

求知若饥，虚心若愚。

——史蒂夫·乔布斯

与其他法律书籍不同，作为给法律人写的 Python 教材，我们力求以多年来研发法律人工智能的实践经验为基础，无论是在本书的结构设计上，还是在内容安排上都充分考虑法律人的能力和需求，并与实际的法律任务相结合，同时确保本书内容简单易懂且实用，使 Python 编程零基础的法律人也可以学会。本书的目的就是打好基础，让 Python 这门人工智能语言赋能法律人。

本书共由 17 章、4 个附录和参考文献组成。其中如下几章为学习重点：

第 4 章　Python 数据结构

第 7 章　Python 变量

第 8 章　Python 数据运算

第 9 章　Python 流程控制：if 语句

第 10 章　Python 流程控制：for 和 while 语句

第 11 章　Python 函数

第 12 章　Python 面向对象：类的使用

第 13 章　Python 常用操作
第 14 章　Python 报错与异常处理
第 15 章　Python 常用第三方库
第 16 章　如何用 ChatGPT 学习 Python
第 17 章　Python 法律实践项目

2023 年前，当大家学习遇到困难时，我们会建议大家在百度上搜索解决方法，但 ChatGPT 的诞生使得一切都可以化繁为简了，大家不仅可以问不懂的代码和程序问题，还可以让 ChatGPT 帮你写代码，查代码中的 bug，你的学习和工作效率将大幅提升。为此，我们特意加了第 16 章，帮助大家使用 ChatGPT 学习 Python。

为了让法律人更直观地感受 Python 的实用性，在第 17 章我们设计了 10 个 Python 法律实践项目。这是我们根据本书涵盖的知识，结合法律人的实际需求设计的 10 个与法律任务相关的实践项目。大家将跟我们一起参与实践项目，学习写代码，调参数，其学习效果将远超啃书本，从而使 Python 编程技能大幅提升。

作为一本专门为编程零基础的法律人编写的教材，我们本着简单、直观、易懂的宗旨，尽量多用插图和代码示例讲解 Python 的语法和重要的知识点，并插入法律示例。与其他的 Python 书籍和课程不同，为帮助大家高效学习，我们为大家精心设计了学习 Python 的路线图（如图 0-1 所示）。

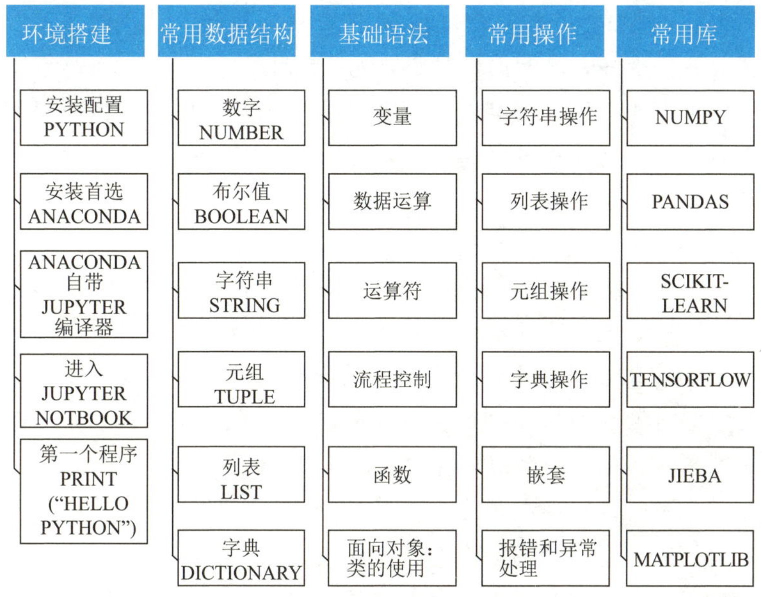

图 0-1　学习 Python 的路线图

该路线图涵盖了 Python 的所有基础语法和重要的知识点。从本书的第 3 章开始，你几乎在每一章的开头都可以看到这张熟悉的路线图，它可以清晰地示意你学到哪了，下一章要学习的内容，以及还有哪些内容没有学到。我们设计的这种全视角的学习方法，可以在我们的脑海里牢固地构建 Python 的知识结构。

为了提高学习效率，我们建议大家可以对照着如下附录学习：

附录 1　Python 思维导图　这是我们按照本书的章节顺序组织的思维导图，方便大家同步、高效地学习。

附录 2　Python 常用代码　这是我们按照本书章节的顺序为法律人准备的简单实用的 145 个代码，并插入很多法律示例。

附录 3　Python 课程表　这是我们为法学院开设的“法律+

Python”课程准备的，并按照20学时规划了每个章节的学习时间，方便老师和同学们合理安排学习时间。

附录4 法律AI实验室课程设置 这是我们为了推动“智慧法学院”的建设设计的“法律AI实验室课程设置”，以更好地理论联系实际。

虽然可以学习的Python编程内容很多，但是根据我们的经验，掌握了本书所介绍的Python的内容，就基本上可以开始学习Python的第三方库，并做一些简单的机器学习、深度学习和自然语言处理的法律项目了。在实践中不断学习、巩固本书所学的东西，是一个多快好省的好方法。

大家会发现现在很多有关数据分析、机器学习、深度学习和自然语言处理的书籍都会以“Python入门”作为第一章，以此作为深入学习的铺垫。本书所涉及的Python知识，无论是涵盖的范围，还是深度都远超上述入门。所以完成本书的学习后，大家便可以轻松地完成Python的入门学习，进入你感兴趣的学习领域。

根据这么多年法律人工智能研发的经验，我们希望通过这本书和课程的学习，法律学生们可以用Python和第三方库完成作业，巩固学习成果；老师们也可以用同样的工具辅助教学和完成科研课题；律师们更可以用同样的工具在法律实务上更有效率地工作，有更大的发挥空间。今天，有ChatGPT这么先进的AI大模型，我们的这个构想是完全可以实现的。虽然我们还需要做更多的实验。

为了鼓励大家勇于克服学习编程时遇到的困难，我们在每一章的开头都会引用一句能够引起大家思考和共鸣的名言，让大家将看似枯燥无味的编程学习变得妙趣横生。由于本人学识有限，所以有些章节找不到合适的名言，我只好别出心裁地求助 ChatGPT 了，博学的它有求必应，都给出了不错的选择。所以本书中有好几个名言的署名都是 ChatGPT。这也算是本书的又一个创意吧。

正如我在本书开头所说："Python 编程基础是法律人学习 AI 的必由之路。"它可以把法律人学习人工智能的学习曲线变得不再陡峭。让我们一起通过 Python 这个桥梁，步入法律人工智能的科学殿堂吧！最后，祝大家跟我们一起学习快乐、学习有成！

第 1 章

法律人也可以学习 Python

法律人学习 Python 不仅可以提高工作效率，还可以开发新的职业技能。通过学习 Python，法律人能够处理大量的文本数据，如案件文件和法律文档，可以自动化处理日常任务，如文档审查和信息归类，甚至开发辅助决策系统，用以支持法律分析和预测案件结果。

卸下包袱，轻装上阵。
——尼采

由于职业的关系，可能很多法律人都不太熟悉 Python 这个编程语言。即使听说过，也许也不太知道它的用途。简言之，Python 是当下最火爆的人工智能语言，而且已经被科学家、工程师、经济学家、金融从业者、营销人员和管理人员等广泛使用在他们的工作中。谷歌、脸书（现改名为 Meta）、阿里、腾讯、百度、字节跳动等高科技公司、政府机关、科研机构、大专院校都使用 Python，甚至连中小学都在开设 Python 课程。Python 进入法律领域也只是时间早晚而已。难怪在 Python 的学习群里流传着这样一句顺口溜：

“人生苦短，我有 Python。”

可见，Python 具有巨大的魅力和广泛的应用市场。所谓编程语言，简单说，就是人类与计算机进行交流的语言。Python 作为一种新的人工智能编程语言，吸引了各行各业的人士，成为大家争相报名学习的新知识和新技能。编程很重要，所以乔布斯曾经说过：**“我们每个人都应该学习编程，因为它教你如何思考。”**对于需要逻辑思维的法律人来说，学习一门计算机编程语言的重要性更是不言而喻。当然，编程也是一门艺术，它还具有美的感觉和享受。

我也是在几年前才听说 Python 的，因为我从事的法律人工智能研发项目使用的编程语言就是 Python，这引起了我的好奇心和自学 Python 的想法。为了学习这门新的人工智能编程语言，我买了很多有关的书籍，同时也上网查阅了相关知识，但因为没有任何编程基础，全靠自学，困难可想而知，甚至都想放弃了。

突如其来的新冠疫情，使我有难得的闲暇时间再次琢磨怎么学习 Python。当时，有关 Python 的网课五花八门，比较有名的有深圳的“Python 营”和北京的“开课吧”。经朋友介绍，我选择了“万门大学”20 个学时的网课“Python 趣味精讲”。这是一个一年期的零基础编程课，年费仅为 280 元，可以反复听，并有老师指导进行非常实用的 Python 编程练习，学员微信群的互教互学也使我受益良多。

在“Python 趣味精讲”的学员群里，我看到了很多来自各行各业的求知若渴的年轻人，从大学生、老师和程序员，到机关干部、企业管理者和金融从业人员，也有年过半百的退休人士。但令我感到遗憾的是，在这 500 多人的学员群里，仅有两位年轻的律师学员，一位来自广州，另一位来自上海。为什么这么重要的人工智能语言没有引起法律人的兴趣呢？是它对法律人没有帮助吗？这使我萌生了在“法律实验室”公众号上写一些推文向法律人介绍并分享我学习 Python 的经验和心得的想法。最重要的是，希望借助推文激起法律人通过 Python 学习人工智能的热情，同时也希望能帮助大家少走弯路并取得较好的学习效果。

我的经验证明，仅靠买书自学对文科背景的法律人来说，是费时耗力且无法完成的任务。最好的方法是选择一些好的网课进行系统学习。学习 Python 最重要的是实践，所以安装上 Python 的编程环境Anaconda一边上课，一边跟着老师敲代码，是事半功倍的好方法。

下面简单介绍一下 Python 的用途。Python 的应用范围相当广泛，大体上可以归纳为如图 1-1 所示的几个应用方向。

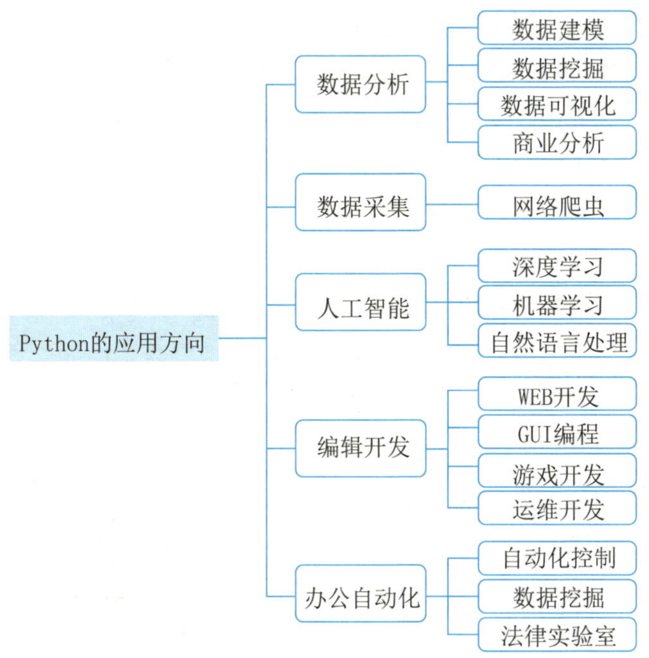

图 1-1　Python 的应用方向

我们知道有很多的编程语言，比如，C、C++、Java 等。而 Python 是所有编程语言中最简单、最易学的，无须任何编程基础，而且是免费开源的。它的第三方人工智能库和包也是免费开源的。你可以随意在网上下载 Python 代码，复制粘贴到你的任务中使用。你不需要知道具体算法，经过几个月的学习和练习，就可以试着导入 Python 的人工智能包，除了要写几条代码，使用起来就如同使用 Word 和 Excel。除了人工智能，爬虫、办公自动化、数据处理和分析都可以用 Python 解决，绝对是法律人学习和工作的好帮手。

除谷歌、脸书、字节跳动等高科技公司以及软件公司、大学科研机构外，美国金融机构都要求他们的员工学习 Python。

平安集团已经要求员工利用业余时间学习 Python。《新一代人工智能发展规划》已经明确提出“人工智能+X”的未来人才的培养方向，其中法学教育就在其中。问题是文科背景的法律人应该从何下手呢？

人工智能是一个涉及数学、统计、计算机的交叉领域。法律人如何学习人工智能，也是一直以来困惑我的问题。学习了 Python 才终于使我找到了抓手，原来 Python 是最适合法律人入门的人工智能编程语言。很多法律人会担心数学问题，认为数学好才能学编程。实际上，法律人学Python时遇到最多的是“字符串”，也就是文字，而非数字。我发现编程对逻辑思维能力的要求远远超过数学能力。只要掌握 Python 基本的编程技能，就可以通过其封装好的第三方库完成很多任务。从法学院抓起，从零开始培养法律本科生学习和使用 Python 编程语言及人工智能包，并和教学相结合，可以取得意想不到的学习效果，从而改变传统的法学教学模式。今天，人工智能的应用越来越普及，我们会发现它已经不再是高科技公司、科研机构、科学家和工程师的专利，而是普通人也可触及的。

经过本书安排的学习，大家就可以完成 Python 基础课的学习，然后开始尝试学习自然语言处理（NLP）和机器学习入门了。大家可以用 Python 自带的工具包对法律文本做分词、词袋模型、TF-IDF 和相似度计算，这对法律研究和类案检索非常有帮助。Python 第三方库可以帮助我们做法律数据分析和预测，比如，案件分析与预判、诉讼趋势等，并可以用可视化图表和图形生动展现法律数据分析和预测的结果。Python 的爬虫可以帮助大家以最快的速度从网上抓取需要的法律信息。在办公自动化方面，Python 也是一个神器，可以批量生成和处理法律文件，大大提高法律人的工作效率，让你跳出繁琐、重复的工作，有更多的时间思考重要的法律问题。法学院除了用我们的知识图谱和问答机器人，也可以用 Python 教学，同学们可以用 Python 写代码的方式完成作业，用 Python 的第三方人工智能库尝试设计各门课程的应用场景，让学习变得更加有趣，更加富有创意，让智慧法学院和计算法学成为现实。

Python 编程语言将法律人学习人工智能的门槛大幅降低了。本书帮助法律人学习 Python，让法律人如虎添翼更加具有竞争力，让科技给法律人带来便利和快乐！法律人工智能时代是机遇与挑战并存的时代，以 ChatGPT 为代表的生成式人工智能（AIGC）将开启人类认知的新纪元，使我们有理由相信未来会变得更加美好，而且一定是更加美好！法律科技领域，特别是这次的生成式人工智能（AIGC）技术可以为法律人，特别是年轻的法律人带来叠加式进步，让我们一起跳出舒适区，迎接机遇与挑战，勇敢地拥抱未来吧！

第 2 章

Python 简史

Python 的发展历史始于 1989 年，由 Guido van Rossum 为解决特定编程问题而设计。作为一种强调代码可读性和简洁清晰的高级编程语言，Python 快速成长为全球最受欢迎的编程语言之一。其应用范围广泛，从网络开发到数据科学，再到人工智能，几乎无所不包。

美丽优于丑陋，明确优于隐晦，简单优于复杂，
复杂优于繁琐，扁平优于嵌套，间隔优于紧凑。
——Tim Peters，《Python 之禅》

Python 编程语言是当下最火爆的计算机编程语言，日渐压倒 C、C++、Java 等成为使用人数最多的编程语言。Python 的使用率、效率和应用范围已远超 C、C++和 Java，在数据处理和人工智能的应用方面，更是其他语言无法比拟的。浙江省、山东省已经把Python列入高考课程，可见 Python 有多么重要。

现在学习和使用 Python 的人越来越多，因为它可以应用于IT、银行、证券、保险、政府部门、企业管理、营销等各行各业。法律人也不乏有报班学习的，但苦于不谙其道。于是我们便把学习心得汇集成书分享给大家，让法律人也能尽快掌握这门编程语言，赋能法律工作和学习。

事实上，Python 可以帮法律人做的事非常多，如法律检索、类案分析、案件统计、案件预测、合同审核、文件批量生成、爬虫等，还可以调用Python第三方库，用机器学习解决你所遇到的法律问题。接下来，我们会慢慢告诉你 Python 的秘密。

乔布斯曾经说过："我们每个人都应该学习编程，因为它教你如何思考。"学习 Python 编程的确可以提升法律人的逻辑思维能力。在我们进入 Python 的科学殿堂之前，了解一下它的前世今生可以更好地激发我们法律人学习 Python 的热情！

"Python"的名字起源于一部喜剧。众所周知，Python 是蟒蛇的意思。因为 Python 的创始人 Guido van Rossum 喜欢当时的英国喜剧 *Monty Python and the Flying Circuit*，加上他觉得 Python 读起来朗朗上口，便决定以"Python"来命名他新开发的编程

语言了。

与 C++、Java 相比，Python 不仅代码量小，而且开发周期短，可以做 Web 开发、前后端开发、数据挖掘和分析，所以它已经像 Office 办公软件一样在科研、教学、金融、工商业、司法等领域广泛使用了，助力提高工作效率和提升职场竞争力。

Python 的历史可以追溯到 20 世纪 80 年代末 90 年代初。以下是 Python 的主要历史里程碑：

- 1989 年：Python 由荷兰计算机科学家 Guido van Rossum 在圣诞节期间开始开发。他创造 Python 的初衷是设计一种易于阅读、简洁明了且功能强大的编程语言。
- 1991 年：发布了 Python 的第一个公开版本，即 Python 0.9.0 版。这个版本引入了模块机制，并具备了基本的类、异常处理、函数和核心数据类型。
- 2000 年：发布了 Python 2.0 版。这个版本引入了新的特性，如列表推导式、功能强大的字典操作，以及支持 Unicode 字符的内置类型。
- 2008 年：发布了 Python 3.0 版。这个版本对语言进行了重大改进和优化，包括更清晰的语法、更一致的规则，移除了过时和不必要的规则。由于与旧版本不完全兼容，Python 3 的普及采取了渐进式的过程。

自发布以来，Python 得到了广泛的应用和发展，成为当今最受欢迎和流行的编程语言之一。Python 拥有庞大的社区支持和丰富的第三方库，这些库提供了各种功能和工具，使得 Python 在很多领域都能被广泛应用，如 Web 开发、科学计算、数据分析、人工智能等。同时，Python也被广泛用于教育和学术研究，成为初学者和专业人士首选的编程语言之一。

有别于其他计算机语言，Python 作为一种高级的、解释型的、面向对象的编程语言，具有简洁而易读的语法和强大的功能，而且简单易学。Python 具有如下的特点：

- 简洁优雅：Python 采用简洁而易读的语法，强调代码的可读性，易于理解，使得开发人员可以用更少的代码表达复杂的逻辑。
- 易学易用：Python 的语法简单明了，没有繁琐的符号和复杂的语法规则，初学者能够迅速入门，并且 Python 提供了丰富的文档和教程资源来辅助学习。
- 可拓展性：Python 具有丰富的第三方库和模块，覆盖了各种领域的功能，开发人员可以借助这些库快速构建复杂的应用程序。
- 跨平台性：Python 在多个操作系统上都能运行，包括 Windows、MacOS和 Linux，实现了代码的跨平台移植。
- 面向对象：Python 支持面向对象的编程范式，通过类和对象的概念，使得程序结构更加清晰和模块化，便于代码的组织和维护。

在 Python 解释器中执行命令：import this

我们即可阅读对所有程序员和学习 Python 的人都具有指导意义的、富有哲理的 Python 之禅了。记住这些代表 Python 精神的编程原则，并应用于工作中，你可以变得更优秀。其实这些原则对不是程序员的法律人来说，不是同样具有指导意义吗？世界上没有一个客户，会希望他的律师把一个简单的问题复杂化的。

```
>>>import this
The Zen of Python, by Tim Peters
Beautiful is better than ugly.
Explicit is better than implicit.
Simple is better than complex.
Complex is better than complicated.
Flat is better than nested.
Sparse is better than dense.
Readability counts.
Special cases aren´t special enough to break the rules.
Although practicality beats purity.
Errors should never pass silently.
Unless explicitly silenced.
In the face of ambiguity, refuse the temptation to guess.
There should be one — and preferably only one — obvious way to do it.
Although that way may not be obvious at first unless you´re Dutch.
Now is better than never.
Although never is often better than *right* now.
If the implementation is hard to explain, it´s a bad idea.
If the implementation is easy to explain, it may be a good idea.
Namespaces are one honking great idea — let´s do more of those!
```

这段英文写得挺美，所以我把它从 Python 解释器中复制过来，大家一起欣赏一下吧！

Python 之禅[1]

· 优美胜于丑陋（Python 以编写优美的代码为目标）

· 明了胜于晦涩（优美的代码应明了，命名规范，风格相似）

· 简洁胜于复杂（优美的代码应简洁，不要有复杂的内部实现）

· 复杂胜于凌乱（如果复杂不可避免，那代码间也不能有难懂的关系，要保持接口简洁）

· 扁平胜于嵌套（优美的代码应扁平，不能有太多嵌套）

· 间隔胜于紧凑（优美的代码有适当间隔，不要奢望一行代码解决问题）

· 可读性很重要（优美的代码是可读的）

· 即便假借特例的实用性之名，也不可违背这些规则（这些规则至高无上）

· 不要包容所有错误，除非你确定需要这样做（精准地捕获异常，不写 except：pass 风格的代码）

· 当存在多种可能，不要尝试去猜测

· 而是尽量找一种，最好是唯一一种明显的解决方案（如果不确定，就用穷举法）

· 虽然这并不容易，因为你不是 Python 之父（这里的 Dutch 是指 Guido ）

· 做也许好过不做，但不假思索就动手还不如不做（动手之前要细思量）

· 如果你无法向人描述你的方案，那肯定不是一个好方案；反之亦然（方案测评标准）

· 命名空间是一种绝妙理念，我们应多加利用（倡导与号召）

---

〔1〕 注：来源于百度。

第 3 章

Python 入门

本章将引导法律人步入 Python 编程世界的大门。从最基础的概念和操作开始，逐步介绍 Python 语言的基本结构、常用语法及其在法律领域的应用实例。通过简明扼要的解释和针对性的实践练习，法律人能够快速掌握 Python 的核心技能，为后续更深入的学习和实际应用打下坚实的基础。这不仅仅是学习一门编程语言，更是开启法律职业新视角的开始。

工欲善其事，必先利其器。
——《论语·卫灵公篇》

在前两章，我们介绍了法律人学习 Python 的重要性和 Python 是如何诞生的，以及 Python 的应用领域。我们的目的并不是想让法律人成为程序员，而是希望法律人通过学习 Python 提高逻辑思维能力，让这个人工智能第一语言为法律人的工作带来效率的提升和创新性的变革。

我们做法律人工智能项目所用的编程语言就是 Python。我们想按照法律人的知识背景和需求，把 Python 知识体系进行归纳，希望让学习者触类旁通。为此，我力图通过最浅显的描述、最简洁的代码和最清晰的图解来完成以上构想。

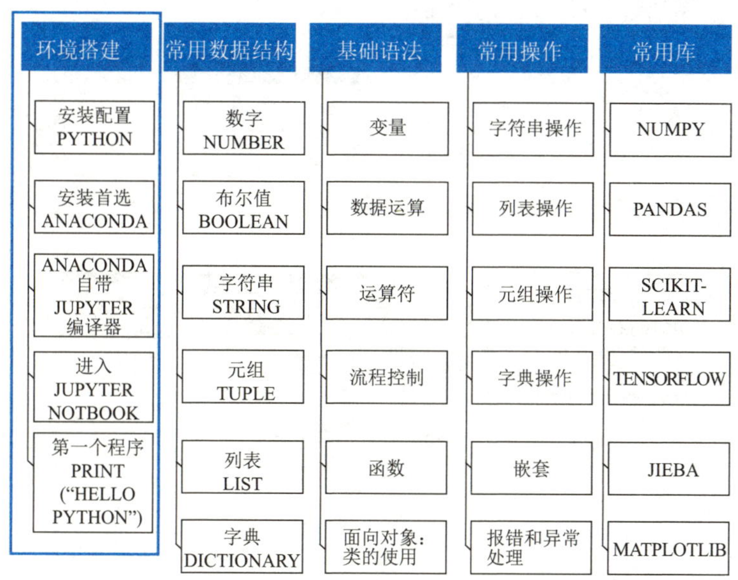

图 3-1　Python 编程语言的环境搭建和基本结构（环境搭建）

工欲善其事，必先利其器。初学者学习 Python 的第一步就是搭建 Python 编程环境。我们建议法律初学者安装容易学习和使用的 Anaconda（https://www.anaconda.com/products/distribution），它是一个开源的 Python 发行版本，用来管理 Python 相关的包，方便使用很多的第三方库开发各种项目。网上有很多详细的安装步骤，不再赘述。安装成功后，就可以运行其中的 Jupyter Notebook。通过自动启动一个内置的服务在 web 浏览器端操作和运行 Python 代码。但由于 anaconda 安装费时，可以按照如下方式快速安装 Jupyter Notebook 练习版本，但不能保存练习的代码。

流程如下。

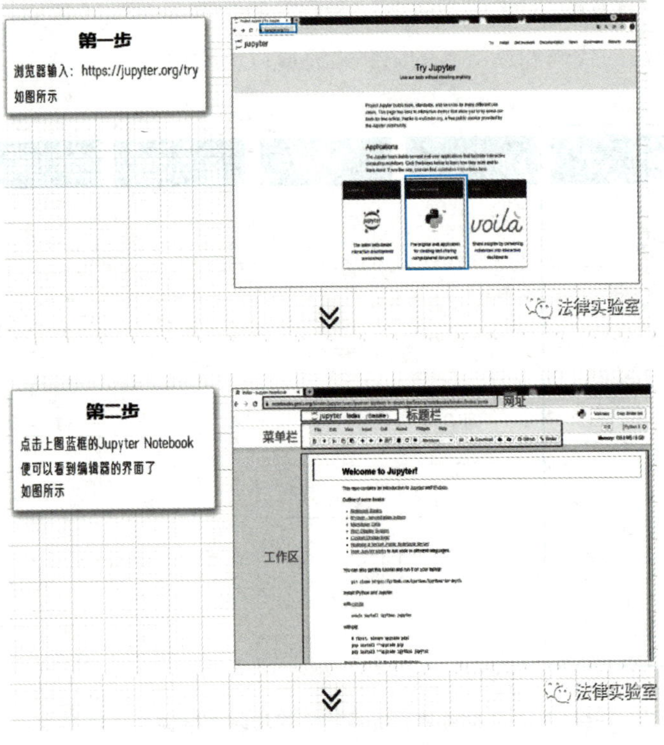

输入 print('hello world!')，输出“hello world!”是你写的第一条代码。输入 import this，输出的是“Python 之禅”。它富有哲理，不仅是每个学习 Python 的人都应该读的，而且对我们从事的法律工作也颇受启发。

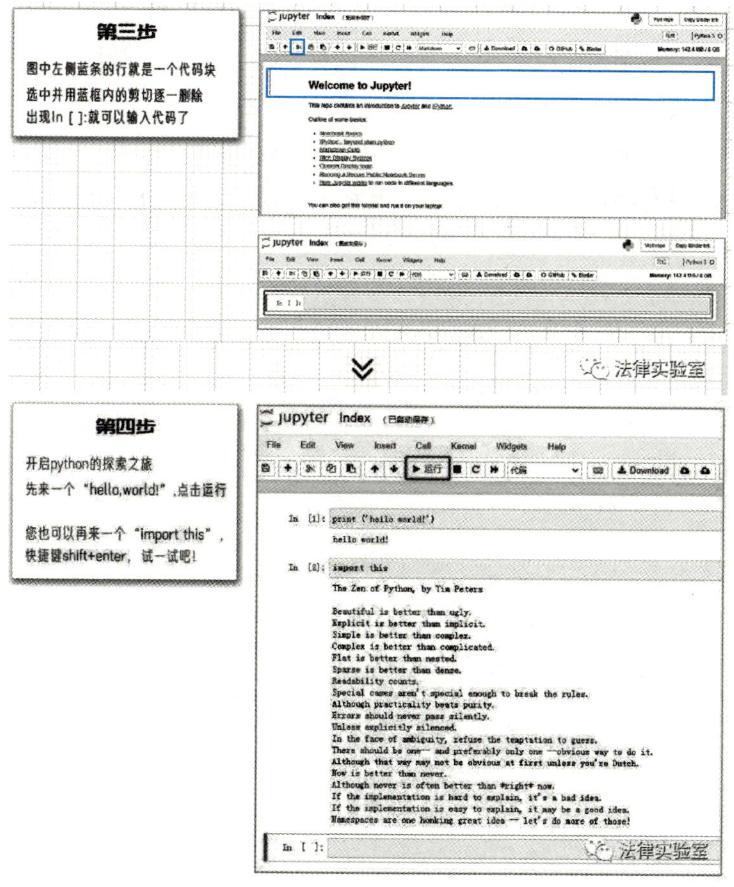

有了 Jupyter Notebook 这个工具，我们可以通过代码来学习

Python 了。另外，经过精挑细选，向大家推荐一本学习 Python 编程的畅销书《Python 编程：从入门到实践》{［美］埃里克·马瑟斯（Eric Matthes）著}。大家可以一边学，一边敲书里提供的代码，用最短的时间学懂 Python 这个实用的人工智能语言。

现在科技公司、互联网公司、大专院校，甚至金融机构在招聘时，都倾向录用会 Python 的应聘者。不久的将来，律所、法务，甚至司法机关也会效仿。可见，学习 Python 让法律人有更广阔的职业发展前景。

让我们尽快在自己的电脑上安装 Python 的 Jupyter Notebook 吧，只有使用起来，你才能知道它是什么，它能为你做什么。

第 4 章

Python 数据结构

掌握 Python 的基本数据结构如列表、字典、元组和字符串对于高效编程至关重要。通过对这些数据结构的存储、访问和操作，法律人可以更好地管理案件信息、证据链和法律文档，使数据处理变得更加直观和高效。选择何种数据结构，取决于具体的运用场景和需求。

每天反复做的事情造就了我们，
然后你会发现，优秀不是一种行为，而是一种习惯。
——亚里士多德

在完成了你的第一条代码（'hello world!'），然后又阅读了富有哲理的 Python 之禅后，现在让我们学习一下 Python 的常用数据结构。理解 Python 数据结构对后面的学习非常重要，不仅有助于看懂代码，还有助于理解计算机程序的内核，有助于日后动手写代码。也就是知其然，知其所以然。这就像我们学习法律时，需要先知道法律的结构是一样的道理。我们需要先知道什么是法律的结构和体系，然后再开始深入一门门的法律学习。

所有的计算机程序都是由数据结构（Data structures）和算法（Algorithms）构成的，这是一个重要的概念，也就是：Data structures+Algorithms = Programs。因此，我们需要先了解 Python 数据结构的类型，然后再学习与算法有关的变量、数据运算、流程控制、函数、面向对象、常用操作（字符串操作、字典操作、列表操作和元组操作）和 Python 的第三方库等知识。

其实学习和理解 Python 的数据结构一点都不难。通过上手敲我们准备的代码，做几遍练习就可以比较熟练地掌握 Python 数据结构的知识和实际操作了。以后即使忘记了，回过头来看一下教材也就回忆起来了。现在就让我们来学习 Python 的数据结构吧。

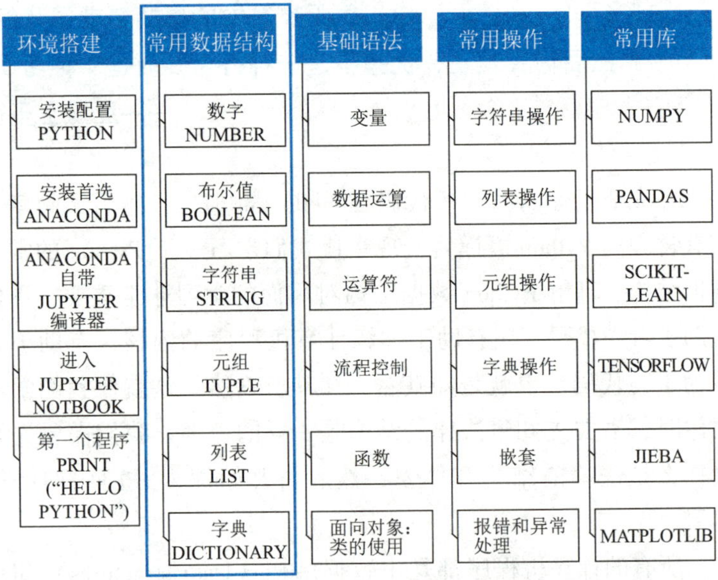

环境搭建	常用数据结构	基础语法	常用操作	常用库
安装配置 PYTHON	数字 NUMBER	变量	字符串操作	NUMPY
安装首选 ANACONDA	布尔值 BOOLEAN	数据运算	列表操作	PANDAS
ANACONDA 自带 JUPYTER 编译器	字符串 STRING	运算符	元组操作	SCIKIT-LEARN
进入 JUPYTER NOTBOOK	元组 TUPLE	流程控制	字典操作	TENSORFLOW
第一个程序 PRINT (“HELLO PYTHON”)	列表 LIST	函数	嵌套	JIEBA
	字典 DICTIONARY	面向对象：类的使用	报错和异常处理	MATPLOTLIB

图 4-1　Python 编程语言的环境搭建和基本结构（常用数据结构）

Python 内置的常用数据类型共有 6 种：数字（Number）、布尔值（Bloolean）、字符串（String）、元组（Tuple）、列表（List）和字典（Dictionary）。与其他编程相比，Python 内置的数据类型非常简单、易懂。

＊数字（Number）：数字类型包括整数（Integer）和浮点数（Float）。1、2、3、-1、-2、-3 都是整数；1.01、2.01、3.01 等带小数点的数字都是浮点数。如下所示：

```
# 整数
print(type(100))
```

```
<class 'int'>
```

```
# 浮点
print(type(0.1))
```

```
<class 'float'>
```

＊**布尔值（Boolean）**：计算机的计算基础是二进制，即 0 和 1 这两个值。因此任何一门编程语言都会有布尔值这个数据类型，可用来表示真或假，常用于逻辑判断。在 Python 中，这两个值有固定的表示，即 True 代表真，False 代表假。切记：Python 是大小写敏感的编程语言，所以 True 和 False 的第一个字母必须大写，否则 Python 无法识别。如下所示：

```
# 布尔值
print(type(3 < 4))
```

```
<class 'bool'>
```

＊**字符串（String）**：用单引号或双引号引起来的一系列字符或数字称之为字符串，是 Python 中最常用的类型。比如："法律人也在学习Python"，"12345"。如下所示：

```
# 字符串
print(type('法律人也在学习Python'))
```

```
<class 'str'>
```

```
# 字符串
print(type('12345'))
```

```
<class 'str'>
```

上述 3 类都是 Python 基本的内置数据类型。它们是数据表示和存储的基础。下述 3 种数据类型需要与上述 3 种数据类型配合使用。

＊**元组（Tuple）**：元组是一系列按特定顺序组成的元素。它很像列表但使用小括号（）表示，比如（1,'abc'，0.5）就

是一个包含有 3 个元素的元组。元组里的数据不能修改，但可以使用索引访问其中的元素。如下所示：

```
# 元组
print(type(('法律','法院')))
<class 'tuple'>
```

∗ 列表（List）：列表由一系列按特定顺序排列的元素组成。列表使用中括号“[ ]”来组织数据，用逗号分隔其中的元素。你可以创建由文字或数字组成的列表。比如：['case','statutes','judge','lawyer']。列表里的数据可以修改、添加、删除。如下所示：

```
# 列表
print(type(['法律人,学Python']))
<class 'list'>
```

∗ 字典（Dictionary）：字典是 Python 中非常实用且功能强大的数据类型。在数据处理方面，字典几乎成了数据存储的主要方式。它可以存储大量数据，使用大括号“{ }”表示，可以访问、修改、添加和删除。大括号内包括多组键（Key）值（Value）对。比如：{'cases':'100','statutes': '3000','lawyers': '500'} 中，'cases'是键，与之相对应的值是'100'。示例如下：

```
# 字典
print(type({'大陆法': '成文法'}))
<class 'dict'>
```

以上代码可以帮助我们更好地理解 Python 的数据类型，请在 Jupyter Notebook 上尝试输入看看。代码中 print 是输出，type 是查看数据类型。写完代码后点击 Jupyter Notebook 页面的运行键，就会输出相应的结果。type( )是 Python 的内置函数，可以帮助我们查看所用的数据是什么类型。使用方法非常简单，只要在 type( )的括弧中输入数据，然后点击运行键就会根据输入的数据输出如下其中一个数据类型，比如，print(type ( ))，就会根据括弧中输入的内容，输出如下的数据类型：

```
<class 'int'>   （"整数"）
<class 'float'> （"浮点"）
<class 'bool'>  （"布尔值"）
<class 'str'>   （"字符串"）
<class 'tuple'> （"元组"）
<class 'list'>  （"列表"）
<class 'dict'>  （"字典"）
```

在本章中我们用的符号#是注释的意思，主要是为了方便我们理解代码的含义。Python 很聪明，它会自动跳过去不执行注释的。虽然你可以不用录入注释#，但是养成写注释的好习惯非常重要。因为它方便你记忆所写的代码是做什么用的，也方便别人读你写的代码，特别是大家合作一起完成一个项目时，注释显得更加重要。

此外，在学习 Python 数据结构时，还有一个数据转换功能也很重要。我们可以用 Python 的内置函数将某类数据结构转换成另外一类数据结构。

* 用 float() 内置函数将整数类型转为浮点数类型

```
# 整数转为浮点数
float(10)
```

```
10.0
```

* 用 int() 内置函数将浮点数类型转为整数类型

```
# 浮点数转为整数
int(1.0)
```

```
1
```

* 用 str() 内置函数将整数类型转为字符串类型

```
# 整数转为字符串
str(10)
```

```
'10'
```

在编写 Python 代码时，必须使用半角标点符号。Python 代码对标点符号有严格的要求，必须使用半角符号，因为全角符号可能会导致语法错误或者不被识别。以下是一些常见的 Python 标点符号及其半角形式：

逗号 (,)：用于分隔多个参数、变量或者函数的参数等。

示例：a, b, c = 1, 2, 3

分号 (;)：用于在同一行内分隔多个语句。

示例：a = 1; b = 2; c = 3

冒号 (:)：用于定义函数、类、字典等的开始。

示例：def my_function():或 my_dict = {"key": "value"}

括号 (())：用于定义函数调用、参数列表、元组等。

示例：my_function ( ) 或 (a, b, c)

方括号 ([ ])：用于定义列表、索引等。

示例：my_list = [1, 2, 3] 或 element = my_list [0]

花括号 ({ })：用于定义字典、集合等。

示例：my_dict = {"key": "value"} 或 my_set = {1, 2, 3}

引号 (' '或 " ")：用于定义字符串。

示例：my_string = 'Hello, World!' 或 my_another_string = "Python is a great programming language."

总之，在编写 Python 代码时，请务必使用半角标点符号，以确保代码能够正确运行。

敲代码是学习和理解上述数据类型的最好方法，没有之一。上手实践一下吧！实践证明，敲过 10 行代码和敲过 100 行代码的感觉是不同的，敲过 500 行代码的感觉更加不同，因为这比死记硬背有效得多。所以学习 Python 的秘诀就是必须边学边敲代码，这样才可以取得事半功倍的效果。

第 5 章

Python 常用英文

了解 Python 编程中常用的英文术语对于法律人尤为重要，包括循环、条件判断、函数等，这些都是编程中不可或缺的基本概念。熟悉这些术语有助于法律人看懂代码并自己编写代码。

语言的边界，就是世界的边界。

——路德维希·维特根斯坦

在前面的代码中已经包含了一些 Python 常用的英文单词，在之后的学习中，我们将会用到更多的英文单词。事实上大多数单词都是初中英文课本中出现的单词，基本上你都是认识的，只是有些英文单词在 Python 中有不同的意思和代表独特的功能。因为 Python 的程序都是用英文写的，所以我们把 Python 常用英文作为单独一章来学习。

为了方便大家学习，我们按照 Python 的知识结构进行英文单词分类。现在就让我们开始认识一下这些英文单词吧，因为这对你日后的编程学习非常重要。当然，开始时你不需要全都记住，随着编程学习的深入就会慢慢地熟悉了。掌握了这些单词，就可以看懂别人写的代码，日后你还可以用这些单词自己写代码。在学习 Python 的同时，又学了一些与编程有关的英文单词，真可谓是一举两得。

表 5-1　Python 常用英文

一、交互式环境与 print 输出	
print	打印/输出
coding	编码
syntax	语法
error	错误
invalid	无效
identifier	名称/标识符
character	字符

续表

variable	变量
IDLE	开发环境
二、字符串的操作	
user	用户
attribute	字段/属性
value	值
key	键
三、重复/转换/替换/原始字符串	
upper	上/全大写
lower	下/全小写
title	标题/首字母大写
replace	替换
swap	互换
test	测试
file	文件
data	数据
四、去除/查询/计数	
strip	去除
index	索引
find	查找
count	计数
五、获取输入/格式化	
input	输入
format	格式化
args （argument）	参数

续表

kwargs	关键字参数
六、元组	
tuple	元组
max	最大
min	最小
iterable	可迭代
key	关键字
function	方法/函数
object	对象
七、列表	
list	列表
reverse	反向
True	真
False	假
append	添加
extend	扩展
insert	插入
remove	移除
del（delete）	删除
clear	清除
sort	排序
八、集合	
set	集合/设置
add	添加
discard	丢弃
difference	差数

续表

symmetric	对称
disjoint	不相交
subset	子集
superset	父集/超集
update	更新
九、字典	
dict	字典
key	键/关键字
value	值
item	项
seq（sequence）	序列
default	默认
arg	可变元素
kwargs	可变关键字元素
十、循环	
for…in…	循环的使用
while…	循环的使用
range	范围
sep（separate）	分割
continue	继续
break	跳出
十一、条件/跳出与结束循环	
if	如果
elif	又如果

续表

else	否则
十二、运算符与随机数	
module	模块
sys（system）	系统
import	导入
十三、定义函数与设定参数	
type	类型
missing	丢失
十四、设定收集参数	
create	创建
splicing	拼接
十五、嵌套函数/作用域/闭包	
synthesis	合成
execute	执行
global	全局变量
十六、递归函数	
recursion	递归
infinite	无穷
maximum	最大值
assert/assertion	返回异常
search	查询

续表

十七、列表推导式/lambda 函数	
square	平方
even	偶数
lambda	匿名函数
regular	规则
expression	表达式
match	匹配
multiline	多行

正如前言中提到的，Python 之所以如此受欢迎，是因为跟其他的编程语言不同，它可以用类似英文的语法编写程序，编写起来比用其他编程语言不仅容易，而且轻松多了。这当然离不开使用上述的英文单词，所以学习一下这些英文单词很重要。写得好的 Python 程序，读起来很像一篇漂亮的英文短文。你可以在之后的章节体验一下。

第 6 章

Python 关键字

Python 关键字如 if、for、class 、def 等，是构建程序的基石。理解这些关键字的用法能帮助法律人撰写结构清晰、逻辑严密的代码，进而开发用于案件分析和法律预测的算法。

关键词是 Python 代码的桥梁。

——ChatGPT

在上一章中，我们给大家推荐了 95 个 Python 常用英文单词，是不是有点多，为了让大家轻松一点，我们挑选最重要的 35 个英文单词来讲解。它们又被称为 Python 关键字。

Python 关键字又叫保留词，是指在 Python 编译器中已经定义过的英文单词，具有特定含义和用途，并被 Python 内部使用了，所以不能再将这些单词作为变量名或函数名、类名使用。这一点很重要，请一定记住啊！Python 的 35 个关键字如表 6-1 所示。

表 6-1　Python 的 35 个关键字

and	逻辑与操作，用于表达式运算
as	用于转换数据类型
assert	用于判断变量或条件表达式的结果
async	用于启用异步操
await	用于异步操作中等待协程返回
break	中断循环语句的执行
class	定义类
continue	继续执行下一次循环
def	定义函数或方法
del	删除变量或序列的值
elif	条件语句，与 if、else 结合使用
else	条件语句，与 if、else 结合使用，也可用于异常或循环语句
except	包含捕获异常后的处理代码块，与 try、finally 结合使用
False	含义为“假”的逻辑值

续表

finally	包含捕获异常后的始终要调用的代码块，与 try、except 结合使用
for	循环语句
from	用于导入模块，与 import 结合使用
global	用于在函数或其他局部作用域中使用全局变量
if	条件语句，与 elif、else 结合使用
import	导入模块，与 from 结合使用
in	判断变量是否在序列中
is	判断变量是否为某个类的实例
lambda	定义匿名函数
None	表示一个空对象或是一个特殊的空值
nonlocal	用于在函数或其他作用域中使用外层（非全局）变量
not	逻辑非操作，用于表达式运算
or	逻辑或操作，用于表达式运算
pass	空的类、方法或函数的占位符
raise	用于抛出异常
return	从函数返回计算结果
True	含义为“真”的逻辑值
try	测试执行可能出现异常的代码，与 except，finally 结合使用
while	循环语句
with	简化 Python 的语句
yield	从函数依次返回值

让我们来举几个简单的例子，大家就容易理解这些关键字的作用了。上面的 35 个关键字可以单独使用，也可以结合使

用。比如：and or not 是逻辑运算符，可以用于逻辑运算；if else 或 if else elif 可以用于条件语句；for while 用于定义循环；try except finally raise 可以用于异常处理；import from 用于导入 Python 的第三方库或模块。在下面的章节中，大家会经常看到上述用法。

大家也可以用 jupyter，输入两行代码即可获取 Python 的 35 个关键字，方便大家随时查询，来让我们享受一下编程的乐趣吧。输入：import keyword，回车后再输入：keyword. kwlist，这时 Python 的 35 个关键字便显示如下：

```
# 关键字
import keyword
keyword.kwlist
```

```
['False',
 'None',
 'True',
 'and',
 'as',
 'assert',
 'async',
 'await',
 'break',
 'class',
 'continue',
 'def',
 'del',
 'elif',
 'else',
 'except',
 'finally',
 'for',
 'from',
 'global',
 'if',
 'import',
 'in',
 'is',
 'lambda',
 'nonlocal',
 'not',
 'or',
 'pass',
 'raise',
 'return',
 'try',
 'while',
 'with',
 'yield']
```

这 35 个关键词其实很简单。如果不全认识也不要紧，而且也没有必要去死记硬背。随着你学习 Python 的深入，就会慢慢记住这些英文单词，并知道它们的含义和用途了。

到这里，我们已经学了 6 章的 Python 编程基础了。在接下来的章节里，大家将学习 Python 中更多有趣的东西，我们欢迎更多的法律人能够参加我们的“法律+Python”的学习之旅。它一定会给你带来惊喜，就像我们已经感受到的。这也使我想起，吴军曾在他的《数学之美》一书中提到他的老师——美国自然语言处理的开拓者贾里尼克教授常跟他说的“学习是一辈子的事情”。人工智能时代给我们的终身学习提供了新的课题，而 Python 就是零基础学编程、学人工智能最好的工具。

第 7 章

Python 变量

变量是任何编程语言中存储信息的基本单位。在法律领域，变量可以用来存储个案信息、法律条款和客户数据等。有效使用变量可以提高处理法律文件的灵活性和效率。

一切始于变量，它是程序的记忆。
——ChatGPT

从本章开始，我们将讲解 Python 的另外一个非常重要的知识点，即 Python 的基础语法。语法是编程的基石，掌握了它就能驾驭整个编程世界。它是写好代码的前提。

我们把 Python 的基础语法归纳为：变量、运算符、逻辑运算、流程控制、函数、面向对象：类的使用。以下每个章节讲解一个语法，并附代码示例帮助大家更好地理解其语法结构和使用方法。

一、变量的概念

在 Python 中，变量是用于存储和操作数据，可以被视为存储数据的容器，存储各种类型的数据，也称之为值，比如，整数、浮点数、字符串、布尔值、列表、字典等。每个变量必须先赋值才能被使用，但在用[=]等号赋值前必须给变量起名，即变量命名。

Python 基础语法中的第一个重要概念是变量，因为一切始于变量。变量是代表某个值（Value）的名称。Python 会大量使用变量保存各种数据，比如，整数变量、浮点数变量、字符串变量、布尔变量、列表变量、字典变量、元组变量。它们涵盖了不同类型的变量。我们可以把整数、浮点数、字符串、布尔值、列表、字典、元组分别赋值给一个变量，并通过变量名访问。让我们举几个简单的变量示例。

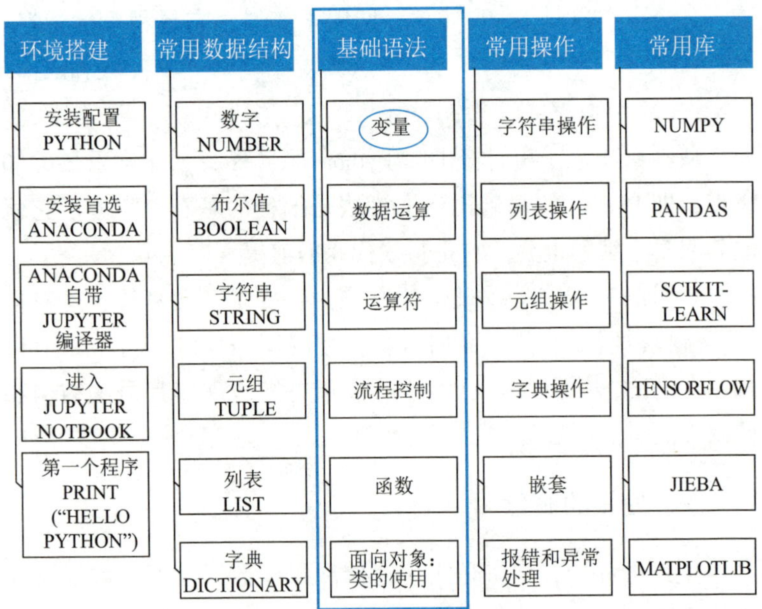

图 7-1　Python 编程语言的环境搭建和基本结构（基础语法 · 变量）

*整数和浮点数变量

```
Age=25
Pi=3.14159
print(Age)
print(Pi)
```

```
25
3.14159
```

*字符串变量

```
name = '张三'
message = 'hello,world!'
print(name)
print(message)
```

```
张三
hello,world!
```

*布尔变量

```
Is_active = True
Is_registered = Flase
print(Is_active)
print(Is_registered)
```

```
True
False
```

*列表变量

```
law = ['constitution','contract','court']
numbers = [1,2,3,4,5,6]
print(law)
print(numbers)
```

```
['constitution','contract','court']
[1,2,3,4,5,6]
```

*字典变量

```
person = {'name':'David Lee','age':28, 'city':'Beijing'}
stubent = {'id':1234,'name':'Aline','gardes':[85,90,95]}
print(person)
print(student)
```

```
{'name': 'David Lee','age':28,'city':'Beijing'}
{'id':'1234','name':'Aline','gardes': [85,90,95] }
```

*元组变量

```
numbers = (8,10.0,5.0)
colors = ('red','green','blue')
print(numbers)
print(colors)
```

```
(8,10.0,5.0)
('red', 'green', 'blue')
```

*变量并赋值及运算

```
# 定义变量并赋值5
x = 5
# 定义变量并赋值4
y = 4
# 定义变量并进行运算
c = x + y
print(c)
```

```
9
```

*交换变量值

```
# 分别给a,b赋值并输出
a, b = 5, 10
print(a, b)
# 交换变量值并输出
a, b = b, a
print(a, b)
```

```
5 10
10 5
```

*中文字符串赋值变量并输出

```
# 中文字符串赋值变量并输出
contract = '具有约束力的法律文件'
print(contract)
```

'具有约束力的法律文件'

*变量名不能有空格，但可以用下划线

```
# 变量名不能有空格，但可以用下划线
contract_law = '合同须遵守的法律'
print(contract_law)
```

'合同须遵守的法律'

在 contract='具有约束力的法律文件'和 contract_law='合同须遵守的法律'中，contract 和 contract_law 就是这个变量的名称。每个变量都指向一个值，即与该变量相关的信息或数据。在这里，contract 指向的值就是'具有约束力的法律文件'这个字符串。contract_law 指向的值就是'合同须遵守的法律'这个字符串。

我们可以随时修改、添加或删除变量的值，而 Python 始终记录的是变量最新值。通过定义变量，我们就可以存储并操作各种不同类型的数据。

二、变量的命名规则

变量的使用需要遵守一定的规则，否则 Python 会报错，所以必须记住如下的变量规则：

* **变量名只能是字母、数字和下划线。**变量名可以使用字母或下划线开头，但不可以用数字开头。比如，“2law”和“3合同”都是错误的变量名。

* **变量名不能有空格，**但可以使用下划线来分隔其中的单词。比如，“contract law”和“合同 法”也是错误的变量名，可以在中间用下划线，比如“contract_law”。

* **变量名应该简短、明确。**最好不要使用缩写或比较长的变量名，也不要使用大写字母作为变量名，因为大写字母在变量名中有特殊的含义。

* **变量名不要使用 Python 中的关键字和函数名。**在 Python 中禁止使用关键字函数名作为变量名，否则系统会报错。

* **变量名虽然也可以用中文字符，但是不推荐使用。**因为可能会影响代码的阅读、迁移和维护。所以在代码中几乎看不到使用中文字符的变量名。

我们在示例程序中都使用了内置函数 print() 作为输出，它还可以用来测试程序是否正确。比如调试程序时，你可以在代码之间添加一条 print() 输出结果以验证结果是否正确。待任务完成后，再把这条语句删掉。

最后，请大家多练习我们提供的示例代码，理解 Python 的重要知识点，学会写简单的代码，为今后的学习打下基础。

第 8 章

Python 数据运算

本章介绍 Python 中的基本数据运算，包括加、减、乘、除及更复杂的数学函数。对于法律专业人士来说，这意味着可以自动计算诸如诉讼费用、赔偿金额等关键数值。

数据可以通过运算变成知识。

——ChatGPT

我们已经知道了什么是数据类型，现在我们需要知道如何对数据进行运算。Python 中的数据运算主要有以下几个方面。

1. 算术运算（Arithmetic operators）
2. 比较运算（Comparison operators）
3. 赋值运算（Assignment operators）
4. 逻辑运算（Logical operators）
5. 成员运算（Membership operators）

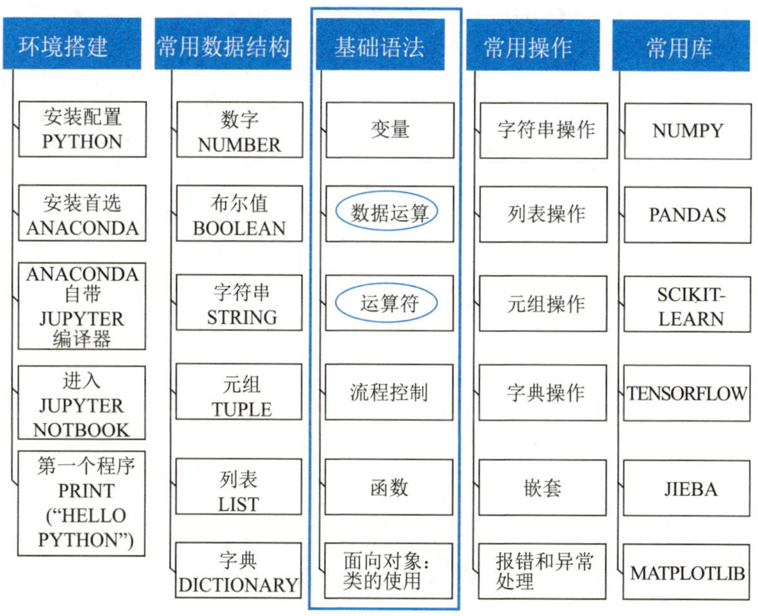

图 8-1 Python 编程语言的环境搭建和基本结构（基础语法 · 数据运算）

Python 的数据运算离不开运算符，记住这些运算符，可以帮助我们快速地进行数据运算。

＊**算术运算**　这是任何编程语言都必须具备的基础运算功能。主要有，（+）加法、（-）减法、（ * ）乘法、（/）除法、（%）取模和（ ** ）幂指数运算。算术运算的代码示例如下：

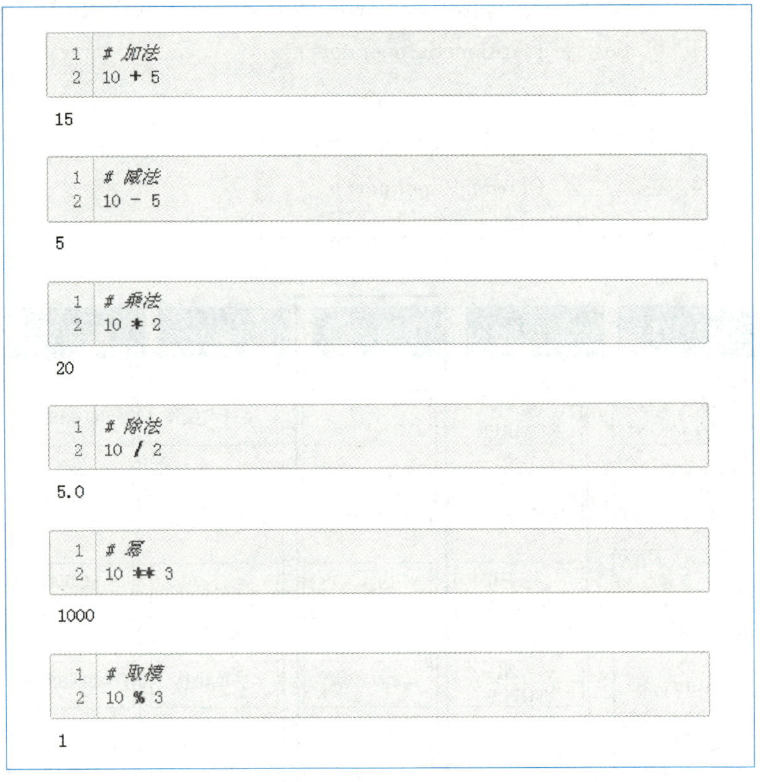

```
# 加法
10 + 5
```

```
15
```

```
# 减法
10 - 5
```

```
5
```

```
# 乘法
10 * 2
```

```
20
```

```
# 除法
10 / 2
```

```
5.0
```

```
# 幂
10 ** 3
```

```
1000
```

```
# 取模
10 % 3
```

```
1
```

＊**比较运算**　如果算术运算返回的值是数字，那么比较运算返回的结果则是布尔值类型。比较运算符主要有：（==）等于、（!=）不等于、（<）小于、（>）大于、（<=）小于等于、（>=）大于等于。比较运算的代码示例如下：

```
# 数值比较大于等于，满足时返回True
5.0 >= 3.0
```

```
True
```

```
# 数值比较小于等于，不满足时返回False
3.0 <= 2.0
```

```
False
```

```
# 相等运算符，两边的值相等时返回True
4 == 4
```

```
True
```

```
# 不等运算符，两边不等时返回True
3 != 4
```

```
True
```

* **赋值运算**　如果需要对数据运算的中间结果进行存储，以便后续使用的话，就需要将一些数据赋值给自定义的变量，这就是赋值运算。赋值运算的代码示例如下：

```
# 变量
# 把5赋值给x，x是变量名
x = 5
# 把4赋值给y，y是变量名
y = 4
# 把x和y都赋值给c，c也是变量名
c = x + y
print(c)
```

```
9
```

赋值运算的运算符有：（=）简单赋值、（+=）加法赋值、（-=）减法赋值、（*=）乘法赋值、（/=）除法赋值、（%=）

取模赋值、(//=) 整除赋值、(**=) 幂赋值(赋值运算的示例见:本书的附录 1 Python 思维导图的赋值运算符)。

* **逻辑运算** 这种运算比较简单,共有三种:(and) 与、(or) 或、(not) 非。逻辑运算的数据类型是布尔值,返回的值也是布尔值,所以不是真 (True) 就是假 (False)。注意在 Python 中,这两个英文单词的开头字母必须大写。逻辑运算的代码示例如下:

```
# 与运算,表达式的值都为真则为真
True and True
```

```
True
```

```
# 或运算,表达式的值有一个为真则为真
True or False
```

```
True
```

```
# 非运算,表达式的对立结果,反之亦然
not False
```

```
True
```

* **成员运算** 这是一个面向列表、元组和字典的运算。通过运算符 in 查询某个数据是否在列表或元组中存在,或某个键在字典中是否存在。通过运算符 not in 查询相反的结果。在 Python 中,这个运算非常实用,而且功能强大。成员运算的代码示例如下:

```
# 用in判断一个元素(律师)在数组中存在
print('律师' in ['医生', '律师', '工程师','老师'])
```

True

```
# 用not in判断一个元素(律师)在数组中不存在
print('律师' not in ['医生', '律师', '工程师','老师'])
```

False

我们精心设计的代码示例都很简洁，就是为了让大家轻松地学习 Python。这些代码告诉计算机执行我们的指令。细心的你也许已经发现，每个示例代码前都有 # 这样一个符号，它叫“注释符”。注释符的作用是对某些代码进行标注说明，能够大大提高程序的可读性，方便日后自己或他人阅读时快速地理解代码的功能。注释是程序文档的一部分。计算机在运行程序时会忽略这些注释，跳过不执行。

正如我们在前言中所说的，读一段好的 Python 代码，就好像在读一篇优美的英文短文。这就是 Python 受追捧的原因吧。通过阅读本书，法律人可以轻松地学习和使用 Python，用计算机逻辑和程序语言思考及解决复杂的法律问题。在计算机的世界里，法律即代码（Law is code），它也是由 0 和 1 控制的。所以，德国数学家和哲学家莱布尼茨，早在三百多年前就曾经说过，法律是可以计算的。

这里额外增加一个知识点。在计算机系统中因为采用二进制计数，所以内存位置和索引都是从 0 开始计数的。记住这一点非常重要，因为在字符串、列表、元组操作中都会用到这个知识点。

再次强调一下，我们学 Python 的秘诀就是：一边学习，一边敲代码，既容易理解，又不容易忘记，是事半功倍的好办法。

第 9 章

Python 流程控制：if 语句

if 语句是编写决策逻辑的基础，法律人通过掌握它，可以编写出根据不同情况执行不同操作的程序。例如，根据案件的不同属性自动分类案件或预测案件结果。

在代码世界里，if 语句是理智和逻辑的引导者。

——ChatGPT

这一章我们将学习 Python 的另一个非常重要的知识点—— 流程控制：if 语句。虽然我们借助前一章学习的数据运算知识可以编写程序解决一些简单的问题，但在现实世界中，我们遇到的问题都是比较复杂的，所以我们需要经常使用 if 语句这样的流程控制语句，帮助我们根据条件来进行决策和控制程序的逻辑，也就是根据不同的条件执行不同的代码，从而实现程序的控制流。这样我们就可以通过编程来解决在现实世界中遇到的那些比较复杂的问题了。

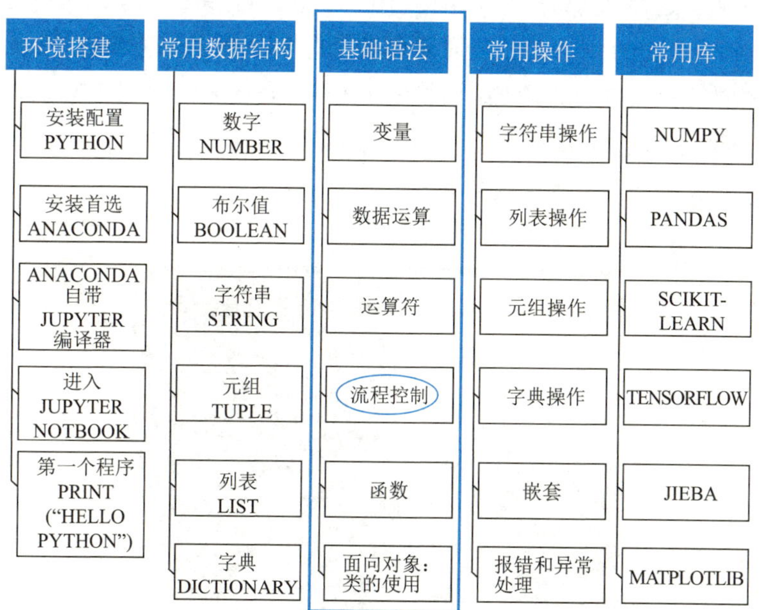

图 9-1　Python 编程语言的环境搭建和基本结构（基础语法 · 流程控制）

流程控制之所以重要，是因为它可以帮助我们选择或重复执行某个程序。流程控制是操控程序的艺术，通过它我们可以塑造精密且高效的代码逻辑，从而作出正确的判断和决策。有趣的是，流程控制的判断逻辑与法律人的思维和推理逻辑不谋而合。比如，if 就是如果怎么样就会怎么样，else 就是否则就会怎么样。如果你没有证据证明案件中的指控，那么你可能无法向法庭起诉被告。如果你有确凿的证据证明案件中的指控，那么你就可以向法庭提出起诉被告，否则你只能选择放弃。请发挥一下你的想象力，用本章所学的知识编写更多的法律代码吧。

一般来说，Python 代码的执行流程都是从上到下的执行顺序。很多时候我们需要根据给定条件完成判断，并根据结果执行决策，这种算法就是分支结构（branch）。具体讲，分支结构就是当代码执行到某一处位置时需要进行选择判断以决定继续往下执行的方向。常用的分支结构就是 if 语句。Python 的 if 语句可以帮助我们判断条件是否成立，再根据判断的结果决定做什么。

if 语句的三种形式如图 9-2 所示。

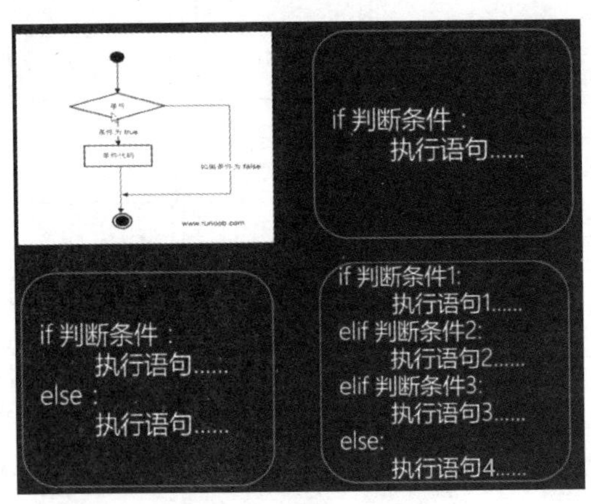

图 9-2　if 语句的三种形式

分支结构是通过布尔值和逻辑运算进行的，下面让我们在实际环境执行一下。注意 print() 要使用 tab 键缩进。缩进是 Python 的一个重要的语法，也是 Python 语法的强制规定。它可以用来组织代码块，判断代码行与前一个代码行的关系，让代码更易读。如果应该缩进时没有缩进或者不该缩进时缩进了，Python 会报错，并提示你，即缩进错误（IndentationError）。这时你需要纠正。

1. if 单向判断，适合一种情况。条件满足，运行结果，否则不运行。

```
#if单向判断
#定义变量，并赋值100
num = 100
#如果num大于 50 则执行输出
if num > 50:
    print(num)
```

```
100
```

2. if-else 双向判断，适合两种情况。如果条件满足，运行 if 下面的语句；条件不满足，则运行 else 条件下的语句。if-else 可以理解为，如果—否则。

```
#if-else双向判断
#定义变量，并赋值100
num = 100
#非此即彼
if num > 120:
    print(num)
else:
    print('小于120')
```

```
小于120
```

3. if-elif-else 多向判断，适合多种情况，个数不限。如果不满足 if 的条件，就判断是否满足 elif 下的语句（可以多个，顺序执行），满足就执行，不满足就执行 else 下的语句。if-elif-else 可以翻译成，如果—又如果—否则。

```
#if-elif-else多向选择
#定义变量，并赋值100
num = 100
#多种判断，个数不限，如果满足一个条件即执行
if num > 120:
    print(num)
elif num < 60:
    print(num)
#都不满足执行else下的命令
else:
    print('介于60和120之间')
```

```
介于60和120之间
```

为了更好地理解 if 语句，让我们再看两个代码示例。第一个是单向判断和 if-else 双向判断。

```
# if判断语句，单向和双向选择
# 定义变量，并赋值19
age = 19
# 如果变量大于等于18则输出
if age >= 18:
    print('你是成年人')
# ==========================================
# 定义变量，并赋值17
age = 17
# 如果变量大于等于18
if age >= 18:
# 则执行输出
    print('你是成年人')
# 否则执行else下的命令
else:
    print('你是未成年人')
```

```
你是成年人
你是未成年人
```

第二个是 if-elif-else 多向判断。如果判断符合，就执行紧跟

在它后面的 print 函数的命令，其他的则忽略，直到执行 else 下面的命令。

```
# if判断语句，多向选择
#定义变量，并赋值12
age = 12
if age < 4:
    print('你的门票是0')
elif age <18:
    print('你的门票是25元')
# 否则执行else下的命令
else:
    print('你的门票费是40元')
```

```
你的门票是25元
```

再次强调，学习编程一定要一边学，一边敲代码，它不仅可以帮助你理解原理，而且可以帮助你学会如何使用 Python。希望大家能够勤加练习我们在每一章中和附录 2 中的常用代码。当然大家可以在原代码示例基础上，修改参数值和输出内容并运行一下，看看结果有什么不同，从而加深理解，提高学习兴趣。

第 10 章

Python 流程控制：for 和 while 语句

循环是自动化处理大量数据时不可或缺的工具。学会 for 和 while 循环后，法律人能使用 Python 自动化执行重复性较高的任务，如批量处理文档或提取大量法律文件中的关键信息。

for 循环和 while 循环是永不疲倦的伙伴。

——ChatGPT

重复性的工作不仅枯燥，而且效率低。我们的法律工作也有很多是重复性的。法律人应该花更多的时间思考和解决更重要的法律问题。那为什么不让计算机来帮助我们呢？Python 中做重复性工作的程序被称为循环。

流程控制允许程序根据特定条件执行不同的操作，比如，可以用于实现循环和重复操作。for 循环和 while 循环都可以重复执行一段代码，直到满足特定的条件才会停止循环。计算机永远不会因为做重复性的工作感到枯燥，而且它还十分擅长执行重复性的任务。

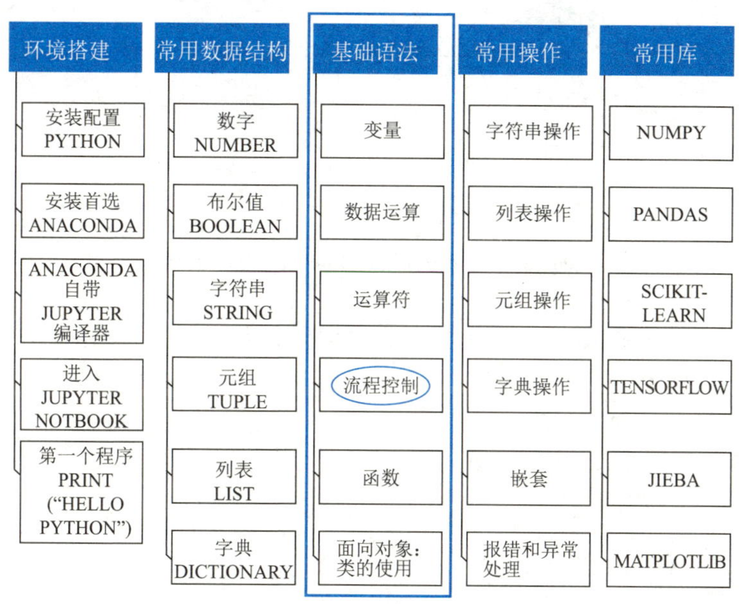

图 10-1 Python 编程语言的环境搭建和基本结构（基础语法·流程控制）

重复一定次数的循环，称之为计数循环（counting loop）；重复直到某种情况发生时才结束的循环，称之为条件循环（conditional loop）。这种循环也称之为循环结构。

具体讲，循环结构就是在程序中反复执行某个功能的一种程序结构，即在给定条件成立时，反复执行某个程序段，直到条件不成立时为止。给定的条件为循环条件，反复执行的程序段为循环体。他们由 for 循环和 while 循环组成。前者为计数循环；后者为条件循环。基本流程如图 10-2 所示。

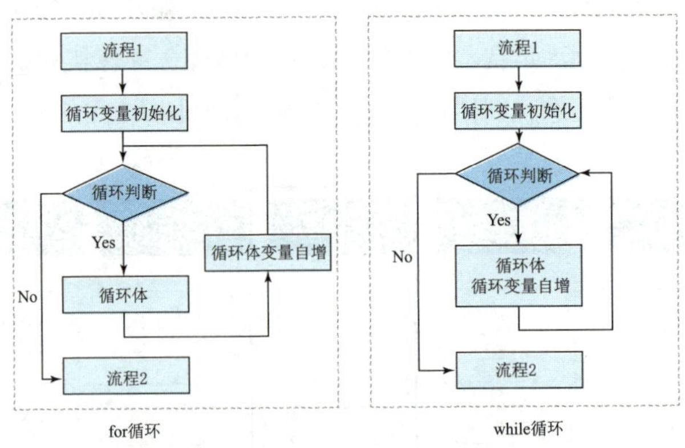

图 10-2　for 循环和 while 循环基本流程

1. for 循环　一般用于遍历可迭代对象，这里的对象包括变量、列表、字典、元组、集合。

```
# 给定for循环的次数
for i in [1, 2, 3, 4, 5]:
    print('法律')
```

```
法律
法律
法律
法律
法律
```

* for 关键字标志着开始一个循环。

* i 是循环变量，它在每次迭代中被赋予列表中的当前元素。

* [1, 2, 3, 4, 5] 是一个列表，包含了循环将要遍历的元素。

* print('法律') 是循环体内部的代码，每次循环迭代都会执行一次，总共打印 5 次。

2. while 循环 只要条件为真，循环就会一直继续下去，直到条件不满足时，才结束循环。注意：x 的初始值为 1，而且不会改变，因此条件测试 x<=5 结果永远是 1，导致循环不停地打印 1，形成无限循环，所以必须要有 x+=1 的代码，递增 1，就是每执行一次代码，x 都会加 1。

```
# while语句(条件循环)
# 定义变量，并赋值1
x = 1
# 只要是x小于等于5, 则继续循环
while x <=5:
    print(x)
# 为避免无限循环,用下面的代码给x递增1
    x += 1
```

```
1
2
3
4
5
```

这是一个简单的 while 循环，它将从 1 开始打印数字，直到数字 5。循环在每次迭代后增加 x 的值，当超过 5 时，循环条件 x<=5 不再满足，循环结束。

3. 循环控制 在循环体中，如果 x 等于 3 则执行 break 语句，表示结束整个循环。执行 continue 语句，表示跳过本次循环，继续下一个循环。两个示例如下所示。

```
# break语句结束整个循环
x = 1
while x < 5:
    if x == 3:
        break
    print(x)
    x += 1
```

```
1
2
```

```
# continue语句结束本次循环
    x = 0
    while x < 5:
# 防止无限循环
        x += 1
# 如果等于3，跳过3继续
        if x == 3:
            continue
        print(x)
```

```
1
2
4
5
```

在 break 语句中，只要 x 小于 5，继续循环，如果 x 等于 3，结束循环。为了避免无限循环，用代码 x+=1。

在 continue 语句中，只要 x 小于 5，继续循环，如果 x 等于 3，跳过 3 继续循环。为了避免无限循环，用代码 x+=1。

在这一章，我们学习了 Python 流程控制：for 循环和 while 循环语句，以及 break 和 continue 语句。为了加深理解，需要大家多做代码练习，同时思考如何将这些语句用做一些法律示例。

第 11 章

Python 函数

函数是组织代码的有效方式。通过定义和调用函数，法律人可以创建复用的代码块，处理常见的法律计算和数据分析任务，以提高工作效率和减少错误。

函数是代码的灵魂，代码的重复使用。

——Guido van Rossum

函数（Function）是学习 Python 必须要掌握的基础之一。那么什么是函数呢？函数就是将一组语句的集合进行封装，形成一个具有独立功能的代码块。我们可以通过 def 关键字来定义（创建）函数，然后用函数名来调用该函数。我们可以把一个代码块与其他代码块组合起来使用，就像用乐高搭房子那样。使用函数可以增加代码的可读性，提高代码的效率。

函数的类型很多，可以分为：内置函数、标准库函数、第三方库函数和自定义函数，我们可以根据需要调用。另外，由于函数具有上述的特殊功能，所以很多法律示例中可以使用函数完成，它会使代码更加高效。

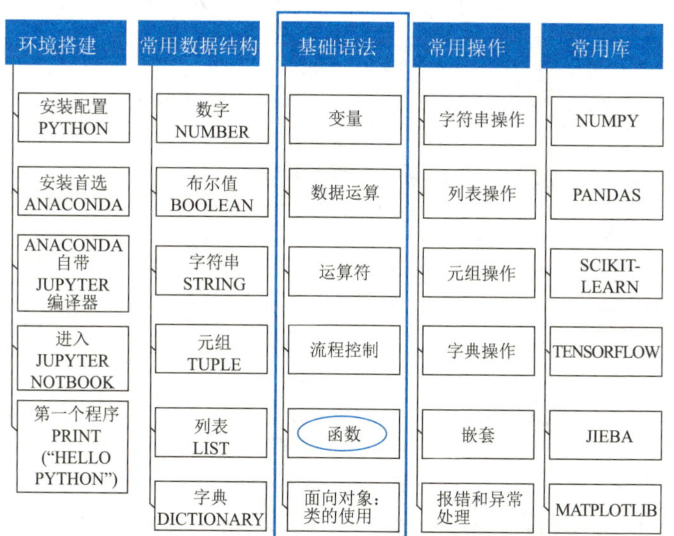

图 11-1 Python 编程语言的环境搭建和基本结构（基础语法 · 函数）

Python 中的函数可以分为如下几类：

1. 内置函数。这是 Python 自带的 69 个函数，是封装好的，拿来即用，很方便。

2. 标准库函数。通过 import 语句导入的库，然后使用其中定义的函数，使用很方便。

3. 第三方库函数。Python 提供了很多优质的第三方库。下载安装后，通过 import 语句导入，然后使用这些第三方库的函数。这些函数都是封装好的，使用也很方便。

4. 自定义函数。用户为适应自己的需求，自己定义的函数，是这章学习的内容。

一、函数的声明

Python 中使用关键字 def 来声明并定义一个函数。greet_user( )：是函数名。下面缩进的 print('how are you?')是函数体。如下所示。

```
# 用关键字def声明函数,greet_user():是函数名
def greet_user():
    # 缩进的是函数体
    print('how are you?')
# 调用函数greet_user()
greet_user()
```

```
how are you?
```

二、函数的调用

定义完成后，在下面输入函数名就可以直接执行它。因此，函数其实就是对一部分代码块内容做一个封装，使用时只需要输入函数名，就会自动执行函数里面的内容。

如果在函数的括号内添加参数：username，那么在调用的时候就可以通过 username 向函数传递你指定的任何值，比如，加入“John”这个名字，就可以打印出“John”和问候语。如下所示。

```
# 传递参数给函数
def greet_user(username):
    print(f'how are you? {username.title()}!')

greet_user('john')
```

```
how are you? John!
```

三、函数的参数

有的时候，我们定义的函数可能需要根据外部的变量来执行代码内容，这时就需要将外部变量传入函数体内，这个传入的变量就称之为参数。注意，函数的参数都写在函数的括号内，也无需指定变量类型。

带有参数的函数就可以与外部数据进行交互，如果需要返回结果则要通过关键字 return 来实现。下面的例子定义了一个加法函数，运行并输出结果。

```
# 定义了两个参数a和b，自动对应
def num(a,b):
    return a + b

num(1, 2)
```

```
3
```

注意：在这个函数中，我们定义了两个参数 a 和 b，调用的时候则自动对应，也就是 a=1 和 b=2 了。

上面的 num 函数中，在定义函数时写的 num(a,b)中，a，b 称之为“形式参数”，简称“形参”。“形参”是在定义函数时使用。

在调用函数时，传递的参数称之为“实际参数”，简称“实参”。num(1,2)中的 1，2 就是实际参数。

我们可以通过上述函数方法做加(+)、减(-)、乘(*)、除(/)、幂(**)和取模(%)的算术运算。

当然，我们也可以通过匿名函数（lambda）完成上述算术运算任务。所谓匿名函数就是无名字的函数，它可以省掉 def 定义函数这个步骤，达到同样的运算结果，而且非常简单，其示例如下：

```
#定义一个lambda表达式，计算两个参数a和b之和
num = lambda，a, b: a + b
#调用定义的lambda表达式，传入1和8作为实参，之和为9
num(1, 8)
```

```
9
```

四、内置函数

内置函数是 Python 自带的，即可以直接使用的函数。由于这些函数都已封装好，使用起来非常简单、方便。Python 有 60 多个内置函数，可以用于数据转换、数据运算、列表、元组等操作。学会使用这些内置函数很重要，因为它们可以大大提高程序的运行效率。Python 内置函数的分类如下：

1. 数学运算（7 个）

2. 类型转换（24 个）

3. 序列操作（8 个）
4. 对象操作（7 个）
5. 反射操作（8 个）
6. 变量操作（2 个）
7. 交互操作（2 个）
8. 文件操作（1 个）
9. 编译执行（4 个）
10. 装饰器（3 个）
11. 其他补充（lambda）

其实法律人需要用的并不多，可以边学边查。我们用到最多的一个内置函数就是：print( )是打印输出的意思，几乎本书的所有代码示例都有用，所以就不用示例解释了。input( )是获取用户输出内容的意思，在附录 2　Python 常用代码中有示例。open( )是打开文件的意思，这个内置函数非常有用，因为它可以让我们把电脑存储的文件打开，然后进行处理。在附录 2　Python 常用代码中有示例。其他法律人需要用的内置函数，在附录 2　Python 常用代码中都可以查看，方便大家学习并练习使用。下面列举几类 Python 内置函数，方便大家理解这些内置函数是如何使用的。

＊求和，示例如下。

```
# 内置函数sum(),求和
print(sum([1, 2, 3, 4, 5, 6, 7, 8, 9, 10]))
```

```
55
```

* 求最小值，示例如下。

```
# 用内置函数min()，求最小值
print(min(5, 3, 9, 12, 7, 1))
```

```
1
```

* 求最大值，示例如下。

```
# 用内置函数max()，求最大值
print(max(7, 3, 18, 4, 15, 2))
```

```
18
```

* 创建整数列表控制循环次数，示例如下。

```
# 用内置函数range()控制循环次数
for i in range(0, 5):
    print(i)
```

```
0
1
2
3
4
```

* 计算列表长度，示例如下。

```
# 用内置函数len()计算列表的长度，注意英文和中文的区别
print(len('法学院可以用Python教法律课程'。))
```

```
18
```

＊格式化字符串，示例如下。

```
# 用内置函数 format() 格式化字符串
# 设置指定位置
str1 = "{1} {0} {1}"
print(str1.format("hello", "world"))
str2 = "律师：{name}；  法院：{court}"
print(str2.format(name = "王小明", court = "北京一中院"))
```

```
world hello world
律师：王小明；法院：北京一中院
```

五、全局变量

不知大家注意到了没有，在这之前的变量都是在一段代码之前或函数内部定义的，它的作用范围仅限于内部，这种变量称之为局部变量。但在实际编程中有时需要一种变量在整个文件里都要起作用，这种变量被称为全局变量。

全局变量是在函数之外定义的，示例如下。

```
#全局变量，定义在函数体的外部，所有函数都能访问
def func1():
    print ('函数1的全局变量：', g_x)

#如要修改全局变量，需要用global
def func2():
    global g_x
    print ('函数2的全局变量：', g_x)
    g_x = 20
    print ('被修改的全局变量：', g_x)

g_x = 50
func1()
func2()
```

```
函数1的全局变量：50
函数2的全局变量：50
被修改的全局变量：20
```

这个代码示例简洁明了地展示了如何使用全局变量，即使

用 global 关键字在函数内引用和修改全局变量。函数间可以共享和操作全局变量。通过这个简单的示例，希望你能更好地理解全局变量在 Python 中的基本使用方法。

全局变量和局部变量是编程中常见的两种变量类型，它们在作用范围和访问权限上有很大的区别。

全局变量是在程序的任何地方都能访问到的变量，其作用范围跨越整个程序或文件。局部变量只在定义它的特定代码块（如函数或语句块）内可见和访问，超出该代码块范围时就无法访问。

如下是局部变量和全局变量的法律示例。

```
# 局部变量的法律示例
def calculate_income_tax(income):
    """
    计算税金。
    参数:
        income (float): 收入金额。
    返回:
        float: 应缴纳的税金。
    """
    # 定义税率
    tax_rate = 0.2
    # 计算税金
    tax = income * tax_rate
    return tax
# 测试函数
user_income = float(input("请输入您的收入金额: "))
tax_to_pay = calculate_income_tax(user_income)
print(f"您的应缴纳税金为: {tax_to_pay} 元。")
```

```
请输入您的收入金额: 10000
您的应缴纳税金为: 2000.0 元。
```

在这个示例中，tax_rate 是一个局部变量，它定义在函数 calculate_income_tax 内部。

这个变量只在函数内部可见和可用，外部无法访问。函数根据用户输入的收入金额计算税金，并返回应缴纳的税金。

```
# 全局变量的法律示例
legal_marriage_age = 18
def check_legal_marriage_age(age):
    """
    检查年龄是否达到法定结婚年龄。
    参数:
        age (int): 用户的年龄。
    返回:
        str: 如果年龄达到法定结婚年龄，则返回合法；否则返回不合法。
    """
    # 声明要使用的全局变量
    global legal_marriage_age
    if age >= legal_marriage_age:
        return "合法"
    else:
        return "不合法"
# 测试函数
user_age = int(input("请输入您的年龄: "))
result = check_legal_marriage_age(user_age)
print(f"您的年龄是 {user_age} 岁，结婚年龄是否合法: {result}。")
```

```
请输入您的年龄：19
您的年龄是19岁，结婚年龄是否合法：合法
```

在这个示例中，legal_marriage_age 是一个全局变量，表示法定结婚年龄。

check_legal_marriage_age 函数内部使用了这个全局变量，并通过 global 关键字声明要使用的全局变量。

在 Python 编程中，选择何时使用全局变量或局部变量非常重要。我们通常推荐尽量使用局部变量，只有在必要时才使用全局变量。

第 12 章

Python 面向对象：类的使用

面向对象编程是 Python 的一大特色，适合处理复杂的系统如法律案件处理系统。通过类和对象，法律专业人士可以模拟现实世界中的法律概念，使程序更加直观和易于管理。

不要企图无所不知，否则你将一无所知。
——德谟克利特

学习 Python 最好的方法是先掌握其语法。在参考了很多资料后，根据学习 Python 的经验和法律人的知识背景，我们经过归纳汇总，精心准备了大量的代码示例帮助大家融会贯通，从而尽快掌握和使用这个人工智能语言的编程神器！

转眼我们已经学到 Python 基础语法的最后一节了。跟我们一起走到这章的同学们一定很有成就感吧，恭喜了！Python 面向对象：类的使用，作为 Python 基础语法的最后一节，其实也并不难，多做些练习就可以熟能生巧了。实在不懂还可以问 ChatGPT，反正办法总比困难多。如果我学 Python 时，能有 ChatGPT 这样的工具就好了，因为我踩了太多的坑。

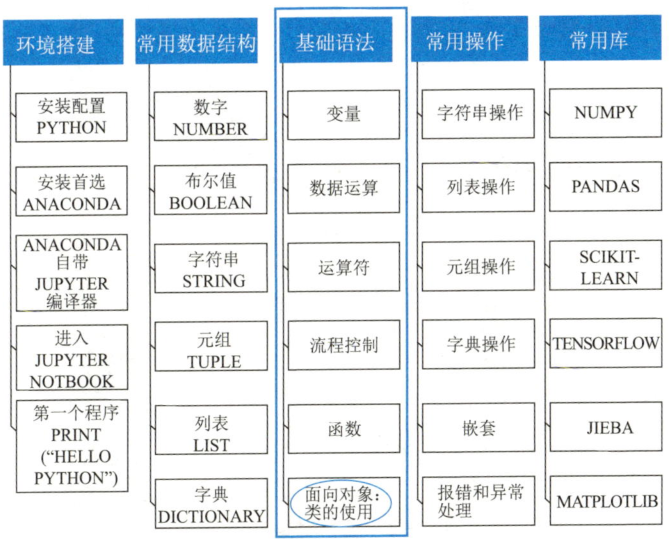

图 12-1　Python 编程语言的环境搭建和基本结构（面向对象：类的使用）

本章我们将学习面向对象的编程（Object Oriented Programming，简称为 OOP），是一种新型的程序设计方法。它将相关或近似的操作逻辑和数据状态等以类的形式描述，以对象实例的形式在程序中复用，以起到提高软件开发效率的作用。

在 Python 中，一切即对象。采用面向对象的思想，使 Python 成为真正面向对象的编程语言，完全支持面向对象的基本功能，例如，继承、多态、封装等。我们前面学习的类型、函数等都是对象。

一、OOP 的两个非常重要的概念——类和对象

1. 类：

·具有相似内部状态和运动规律的实体的集合（或统称为抽象）；

·具有相同属性和行为事物的统称；

·一个类可以派生出多个对象。

2. 对象：

·类的具体实例；

·每个派生的对象共享类的方法，却拥有属于自己的类的属性。

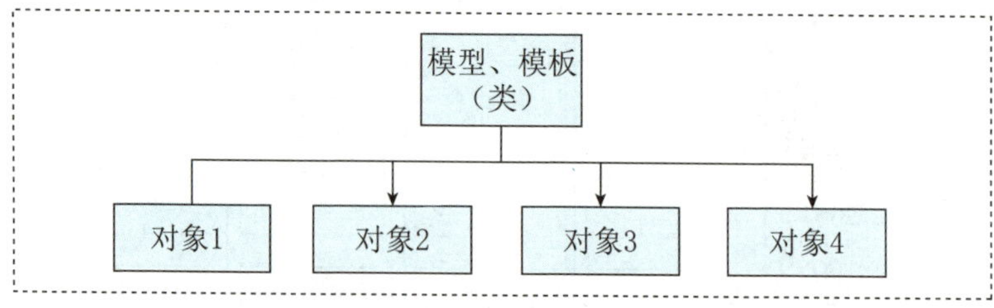

图 12-2　类和对象的关系

二、类的声明

类的声明需要指定类的名称和属性或方法，格式如下：

```
# 声明一个叫Lawyer的类，第一个字母大写
class Lawyer:
    def __init__(self, name, score):
        self.name = name
        self.score = score
    def my_score(self):
        print(self.name,'法律人在哪里?',self.score)
```

当我们声明了类以后，就可以根据类来实例化对象并使用了。

三、对象的实现

对象是类的实例，可以由类派生多个。这样就可以复用其方法，达到减少代码冗余，提高编程效率的目的。以下为对建立的类的对象实现。

```
# 声明一个叫Lawyer的类，第一个字母大写
class Lawyer:
    def __init__(self, name, score):
        self.name = name
        self.score = score
    def my_score(self):
        print(self.name,'法律人在哪里?',self.score)

lawyer1 = Lawyer('律师',80)
lawyer1.my_score()

lawyer2 = Lawyer('法官',100)
lawyer2.my_score()
```

```
律师 法律人在哪里? 80
法官 法律人在哪里? 100
```

从这个示例可以看出，我们实例化了两个基于 Lawyer 类的对象lawyer1和 lawyer2，它们都继承了类的方法，并都可以单独输出自己的内容。

创建对象，我们需要定义构造函数__init__( ) 方法。构造方法用于执行“实例对象的初始化工作”，即对象创建后，初始化当前对象的相关属性，无返回值。

构造函数__init__( ) 方法的要点如下：

· 名称固定，必须为：__init__( )，注意，方法前后是两个下划线。

· 第一个参数固定，必须为：self。self 指的就是刚刚创建好的实例对象。

· 它通常用来初始化实例对象的实例属性，上例中就初始化了两个实例属性：name 和 score。

· 通过“类名（参数列表）”来调用构造函数。调用后，将创建好的对象返回给相应的变量。上例中就将“律师”和 80 这两个变量赋值进去了。

四、实例属性

实例属性是从属于实例对象的属性，也称为“实例变量”。

1. 实例属性一般在__init__( ) 方法中通过如下代码定义：

self. 实例属性名 = 初始值

2. 在本类的其他实例方法中，也是通过 self 进行访问：

self. 实例属性名

3. 创建实例对象后，通过实例对象访问：

· 对象名 = 类名( )

· 对象名. 实例属性名 = 值。这里可以给已有属性赋值，也可以新加属性。

五、实例方法

实例方法是从属于实例对象的方法。实例方法的定义格式如下：

1. def 方法名（self［形参列表］）：

· 函数体

2. 方法的调用格式如下：

· 对象. 方法名（［实参列表］）

要点：

1. 定义实例方法时，第一个参数必须为 self。和前面一样，self 指当前的实例对象。

2. 调用实例方法时，不需要也不能给 self 传参。self 由解释器自动传参。

Python 的面向对象和类的使用是 Python 基础语法中最难的，但大家不必为此沮丧，因为这块知识对计算机专业的学生来说也不是一下子就能理解的，所以不必产生挫败感。多看一些代码，动手敲一敲，就会搞懂的。下面再给出两个类的示例。

```
#定义类，调用属性
class Person:
  def __init__(self, name, age):
    self.name = name
    self.age = age

p1 = Person("Bill", 63)
print(p1.name)
print(p1.age)
```

```
Bill
63
```

```python
#定义类，调用属性和方法
class Dog:
    def __init__(self,name,age):
        self.name = name
        self.age = age
    def sit(self):
        print(f"{self.name} s now sitting.")
    def roll_over(self):
        print(f"{self.name} rolled over!")

my_dog = Dog('Willie', 6)
print(f"My dog's name is {my_dog.name}.")
print(f"My dog is {my_dog.age} years old.")
my_dog.sit()
my_dog.roll_over()
print("=============================================")
your_dog = Dog('Mike',10)
print(f"Your dog's name is {your_dog.name}.")
print(f"Your dog is {your_dog.age} years old.")
your_dog.sit()
your_dog.roll_over()
```

```
My dog's name is Willie.
My dog is 6 years old.
Willie s now sitting.
Willie rolled over!
=============================================
Your dog's name is Mike.
Your dog is 10 years old.
Mike s now sitting.
Mike rolled over!
```

这个简单的代码示例，使你可以更容易地理解类的定义、初始化方法（_init_方法）、实例属性和方法的调用。通过详细注释，每一部分代码的功能和用途都得到了清晰的解释。[1]

对于没有计算机编程背景的法律人来说，学习 Python 一定不是一件容易的事，即便这是最简单的编程语言。但是我们不应该遇到困难就轻易放弃。爱迪生说的好，成功的必然之路就是不断地重来一次。

---

〔1〕［美］埃里克·马瑟斯：《Python 编程：从入门到实践》，袁国忠译，中国工信出版集团、人民邮电出版社 2016 年版，第 143-144 页。

第 13 章

Python 常用操作

本章介绍 Python 中的常用操作，包括字符串操作、列表操作、字典操作等。掌握这些操作，法律人能够有效管理电子文档和数据库，保障信息的安全性和可访问性。

凡我不能创造的，我就不能理解。

——理查德·费曼

至此，我们已经学习了 Python 常用数据结构和基础语法。虽然，我们尝试用最简单的语言和代码示例帮助大家理解，但还是需要大家动手操作，因为编程是一门实践的技能，跟法律一样，只读条文是不会成为一名优秀的法律人的。为此，本章将详细讲解跟法律人的学习和工作密切相关的字符串、列表、元组、字典的操作。

Python 的常用操作对从事文字工作的法律人来说很重要且很有用。这一章虽然内容很多，但是相比前几章的流程控制、函数、面向对象：类的使用来说，其实简单多了。它相当于第 4 章 Python 数据结构的实际应用，而且很适合用于写法律类的代码。

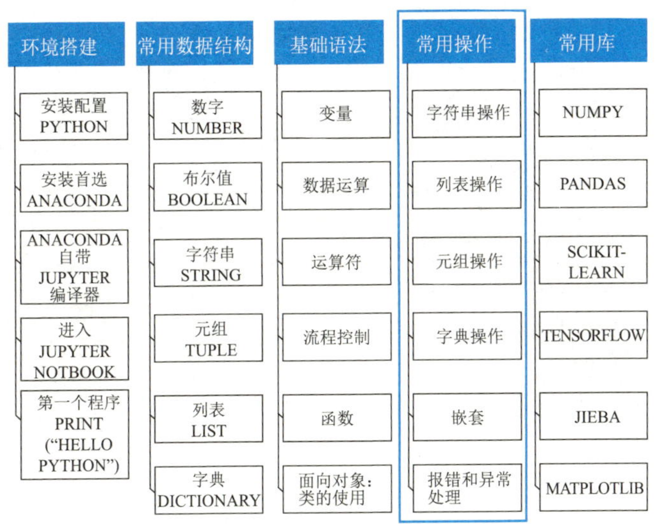

图 13-1　Python 编程语言的环境搭建和基本结构（常用操作）

一、字符串操作

字符串（String）其实就是一系列字符。在 Python 中，用引号括起来的都是字符串，可以是单引号或双引号，引起来的数字也可以成为字符串类型的数据。比如，“法律人也可以学习 Python”和“12345”等。

字符串与数字、布尔值一样，都是 Python 基本的内置数据类型，是数据表示和存储的基础。除前面介绍的几个内置函数可以操作字符串外，下面再介绍几个常用的使用场景。

1. 拼接字符串，示例如下。

```
# 字符串拼接,两边均应为字符串
print('法律' + '机器人' +'Python')
```

```
法律机器人Python
```

2. 修改字符串的大小写，示例如下。

```
# 修改字符串大小写的三种方法
string = 'Legal rights'
# title()将字符串中每个单词的首字母都改成大写
print(string. title())
# upper()将字符串中的所有单词全部改为大写
print(string. upper())
# lowe()将字符串中所有单词全部改为小写
print(string. lower())
```

```
Legal Rights
LEGAL RIGHTS
legal rights
```

3. 删除字符串两边的空白，示例如下。

```
# strip()删除字符串两边的空白
legal_system = ' 宪法精神 '
legal_system.strip()
```

'宪法精神'

4. 删除字符串末尾的空白，示例如下。

```
#rstrip()删除字符串末尾的空白
legal_system = '契约精神  '
legal_system.rstrip()
```

'契约精神'

5. 删除字符串开头的空白，示例如下。

```
#lstrip()删除字符串开头的空白
legal_system = ' 契约精神'
legal_system.lstrip()
```

'契约精神'

6. 替换字符串中的一个元素，示例如下。

```
#replace()替换字符串中的一个元素
a = 'corporate law'
print(a.replace('corporate','公司'))
```

公司 law

7. 分隔字符串，再存储到列表中，示例如下。

```
#split()分隔字符串，再存储到列表中
str1 = 'to be or not to be'
str1.split()
```

['to', 'be', 'or', 'not', 'to', 'be']

8. 从字符串中提取字符，示例如下。

```
# 从字符串中提取字符
str = '民法典是一部有关民商事的法典。'
print(str[0])
print(str[1])
print(str[-1])
```

```
民
法
。
```

计算机系统是采用二进制计数，索引位置都是从 0 开始的。最左边的第一个字符是 0，第二个字符是 1，以此类推；最右边的第一个字符是-1，倒数第二个字符是-2，以此类推。

9. 在字符串中添加换行符，示例如下。

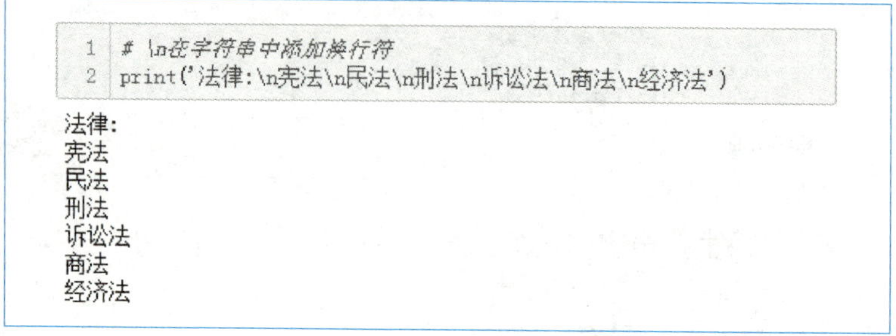

```
# \n在字符串中添加换行符
print('法律:\n宪法\n民法\n刑法\n诉讼法\n商法\n经济法')
```

```
法律:
宪法
民法
刑法
诉讼法
商法
经济法
```

10. 在字符串中添加制表符，示例如下。

```
# \t 在字符串中添加制表符
print('法律:\t宪法\t民法\t刑法\t诉讼法\t商法\t经济法')
```

```
法律:	宪法	民法	刑法	诉讼法	商法	经济法
```

字符串的操作方法还有很多，在下一节的列表操作中还会用到，大家可以反复学习，加以巩固。

二、列表操作

列表在 Python 中的使用非常频繁，支持数学、字符、字符串，甚至列表的集合结构。它可以存储任意数目、任意类型的数据。列表使用［］标识。字符串的很多操作方法跟列表几乎完全一样。

1. 在列表末尾添加一个元素，示例如下。

```
# append()在列表末尾添加一个元素
# 创建列表，也可以是空列表
law = ['法院','法官']
# 尾部添加
law. append('律师')
print(law)
```

```
['法院', '法官', '律师']
```

2. 在列表末尾添加多个元素，示例如下。

```
# extend()以在列表末尾添加多个元素
law = ['国际公法','国际私法']
law.extend(['国际贸易法','国际投资法'])
print(law)
```

```
['国际公法', '国际私法', '国际贸易法', '国际投资法']
```

3. 在列表的某个指定的位置插入元素，注意索引位置是从 0 开始的，示例如下。

```
# insert()在列表中某个位置插入元素
law = ['国际公法', '国际私法', '国际贸易法', '国际投资法']
law.insert (1, '国际经济法')
print(law)
```

```
['国际公法', '国际经济法', '国际私法', '国际贸易法', '国际投资法']
```

4. 删除列表中任意一个元素，示例如下。

```
# remove() 删除列表中任意一个元素
law = ['statutes', 'regulations', 'cases', 'courts']
law .remove('cases')
print(law)
```

```
['statutes', 'regulations', 'courts']
```

5. del 利用索引删除列表中的元素，示例如下。

```
# del可以利用索引删除列表中的元素
law = ['违约','违约方','违约责任','违约金']
# 这里删除了第3个元素(索引为2), 也就是违约责任
del law[2]
print(law)
```

```
['违约', '违约方', '违约金']
```

6. 删除列表元素，示例如下。

```
# pop()删除列表元素并返回该元素
law = ['违约','违约方','违约责任','违约金']
print(law)
# 删除并返回最后一个元素
lastLaw = law.pop()
print(lastLaw)
# 加上参数则删除并返回索引元素
anyLaw = law.pop(1)
print(anyLaw)
```

```
['违约', '违约方', '违约责任', '违约金']
违约金
违约方
```

7. 给列表中元素排序，示例如下。

```
# sort()排序列表元素
law = ['litigation','arbitration','contract','nation']
law.sort()
print(law)
# 加上参数可反向排列
law.sort(reverse=True)
print(law)
```

```
['arbitration', 'contract', 'litigation', 'nation']
['nation', 'litigation', 'contract', 'arbitration']
```

8. 返回列表长度，示例如下。

```
# len()返回列表长度
law = ['宪法','行政法','民法','刑法','经济法']
len(law)
```

```
5
```

9. 使用索引访问列表元素，示例如下。

```
# 使用索引访问列表元素
law = ['宪法','行政法', '刑法', '民法','商法', '经济法']
print(law[0])
print(law[1])
```

```
宪法
行政法
```

10. 获取列表元素的索引位置，如果元素不存在则报错，示例如下。

```
# index()获取元素的索引位置，不存在则报错
string = 'abcd'
print(string.index('a'))
print(string. index('b'))
print(string.index('c'))
```

```
0
1
2
```

11. find 与 index 的功能类似，区别是如果元素不存在则返回-1，示例如下。

```
# find()与index()的功能类似，区别是如果元素不存在则是返回-1
string = 'abcdef'
print(string.find('a'))
print(string.find('z'))
```

```
0
-1
```

12. 统计字符串中单个字符出现的次数，示例如下。

```
# count()统计字符串中单个字符出现的次数
'corporationa'.count('o')
```

```
3
```

13. 元组转换成列表，示例如下。

```
#list()将元组转化为列表
print(list(('法律','法院','法官','律师','法学院')))
```

```
['法律', '法院', '法官', '律师', '法学院']
```

14. 将列表转化为元组，示例如下。

```
#tuple()将列表转化为元组
print(tuple(['法律','法院','法官','律师','法学院']))
```

```
('法律', '法院', '法官', '律师', '法学院')
```

15. 将列表元素倒序排列与 sort 倒序功能相同，示例如下。

```
#reverse()将列表元素倒序排列
law = ['litigation','arbitration','contract','nation']
law .reverse()
print(law)
```

```
['nation', 'contract', 'arbitration', 'litigation']
```

16. 删除列表中的重复元素，无须遍历整个列表，示例如下。

```
# set()删除重复的元素
num = [1, 2, 3, 3, 3, 4, 4, 5, 5, 5, 6, 6, 6, 7, 7]
print(num)
print(list(set(num)))
```

```
[1, 2, 3, 3, 3, 4, 4, 5, 5, 5, 6, 6, 6, 7, 7]
[1, 2, 3, 4, 5, 6, 7]
```

17. 对列表进行切片处理，示例如下。

```
# 用slice( )做列表切片
list1 = [1,2,3,4,5,6,7]
# 从元素2开始，5为止，3个元素
print(list1[2:5])
# 内置函数完成功能
s = slice(2,5)
print(list1[s])
```

```
[3, 4, 5]
[3, 4, 5]
```

三、字典操作

字典在 Python 中，使用花括号 {} 标识。字典可以将两个对象关联起来。这就像电话簿将姓名和电话号码关联一样。被关联起来的两个对象分别称为键和值。字典中的每个元素都有相应的键和值，它们合称为键值对。字典就是键值对的集合。

字典操作包括创建字典、访问字典中的值、添加键值对、更新字典、删除键值对、检查键和值的存在、遍历字典等。这些操作可以帮助我们使用和处理字典中的数据。

1. 创建字典，示例如下。

```
# 创建一个空字典
dict1 = dict()
print(dict1)
# 创建非空字典
dict2 = dict({'英美法': '案例法','大陆法': '成文法'})
print(dict2)
```

```
{}
{'英美法': '案例法', '大陆法': '成文法'}
```

2. 访问字典中的值，示例如下。

```
#创造一个字典
dict = {'英美法' : '案例法' ,'大陆法' : '成文法' }
print(dict[' 英美法' ])
print(dict[' 大陆法' ])
```

```
案例法
成文法
```

3. 遍历字典中的键，示例如下。

```
for i in{'英美法' : '案例法' ,'大陆法' : '成文法' }:
    print(i)#打印出字典中的键
```

```
英美法
大陆法
```

4. 遍历字典中的值，示例如下。

```
for value in{'英美法' : '案例法' ,'大陆法' : '成文法' }.values():
print(value)
```

```
案例法
成文法
```

5. 添加键值对，示例如下。

```
# 添加键值对
dict = {'英美法' : '案例法' ,'大陆法' : '成文法' }
dict['中国法' ] = '社会主义法'
print(dict)
```

```
{'英美法' : '案例法' ,'大陆法' : '成文法' ,'中国法' : '社会主义法' }
```

6. 删除键值对，示例如下。

```
# del 删除字典中的键值对
dict = {'英美法' : '案例法' ,'大陆法' : '成文法' }
del dict['大陆法' ]
print(dict)
```

```
{'英美法' : '案例法' }
```

7. 用 keys( ) 和 values( ) 获取字典中所有键和值的列表，示例如下。

```
dict = {'英美法' : '案例法' ,'大陆法' : '成文法' }
keys = dict.keys()
print(keys)
values = dict.values()
print(values)
```

```
dict_keys(['英美法' : '大陆法' ])
dict_values(['案例法' : '成文法' ])
```

8. 合并字典，示例如下。

```
# 合并字典
d1 = {'原告1':'姓名','年龄': 25}
d2 = {'被告1':'姓名','年龄': 28}
d1.update(d2)
d1
```

```
{'原告1': '姓名', '年龄': 28, '被告1': '姓名'}
```

9. 创建字典并添加元素，示例如下。

```
# 创建一个空字典
phoneNumbers = { }
# 添加一个键值对
phoneNumbers['张老师'] = '345-124'
print(phoneNumbers)
# 继续添加三个键值对
phoneNumbers['李教授'] = '456-235'
phoneNumbers['王律师'] = '567-346'
phoneNumbers['陈法官'] = '678-457'
print(phoneNumbers)
```

```
{'张老师': '345-124'}
{'张老师': '345-124', '李教授': '456-235', '王律师': '567-346',
'陈法官': '678-457'}
```

10. 从字典中找到键对应的值，示例如下。

```
# 从上面的字典中找到键对应的值
print(phoneNumbers['李教授'])
# 用keys()找出字典中的所有元素的键
print(phoneNumbers.keys())
# 用values()找出字典中所有元素的值
print(phoneNumbers.values())
```

```
456-235
dict_keys(['张老师', '李教授', '王律师', '陈法官'])
dict_values(['345-124', '456-235', '567-346', '678-457'])
```

这种重复性操作有助于大家记忆和使用。另外，操作命令用的都是英文，而且也就是十几个，看懂英文命令就知道该做什么了，不用死记硬背。学习 Python 并不枯燥，当你真的喜欢上它时，或许更是变成了一种享受。

四、元组操作

元组与列表相似，但列表使用［］标识，元组使用（）标识。列表的元素可以二次赋值，但元组不能。也就是说，列表是可以修改的，而元组不能。如果你想要创建一组不可修改的元素，就需要使用元组。与列表相比，元组是更简单的数据结构。Python 将不可变的列表称为元组。

由于元组是不可变的，因此不能像列表那样，对元组进行排序、添加元素或者删除元素。一旦用一组元素创建了一个元组，它就是不可变的。

1. 创建一个元组，用索引访问元组的元素，示例如下。

```
#创建一个元组，用索引访问元组的元素
tuplelaw = ('宪法','刑法','民法')
print(tuplelaw)
print(tuplelaw[1])
```

```
('宪法', '刑法', '民法')
刑法
```

2. 遍历元组中的所有值，示例如下。

```
# for循环遍历元组所有值
tuplelaw = ('宪法','刑法','民法')
for x in tuplelaw:
    print(x)
```

```
宪法
刑法
民法
```

3. 合并两个元组，示例如下。

```
# 合并两个元组
tuplelaw1 = ('宪法','刑法','民法')
tuplelaw2 = ('公司法','经济法')
tuplelaw3 = tuplelaw1 + tuplelaw2
print(tuplelaw3)
```

```
('宪法', '刑法', '民法', '公司法', '经济法')
```

五、嵌套

在 Python 中，嵌套是指在一个数据结构或代码块中包含另外一个数据结构或代码块。你可以将一系列字典存储在列表中，或将列表作为值存储在字典中，这就是嵌套。你可以在列表中嵌套字典、在字典中嵌套列表，也可以在字典中嵌套字典。嵌套是一个非常强大的功能。

在嵌套结构中，内部的数据结构或代码块被包含在外部的数据结构或代码块中，并形成层级关系。这意味着，内部的结构可以访问外部结构中的数据或变量。通过嵌套，我们可以组织和处理复杂的数据结构和逻辑结构。

总而言之，嵌套是一种将多个数据结构或代码块组合起来的方式，以便更好地组织和处理复杂的数据和逻辑。嵌套结构可以用于表示复杂的数据关系，使数据更有组织性和结构化。

为了帮助大家理解嵌套结构，我们准备了下面几个示例展示常见的嵌套结构：列表中嵌套列表、字典中嵌套字典、列表中嵌套字典和字典中嵌套列表。

1. 列表中嵌套列表，示例如下。

```
matrix = [[1, 2, 3], [4, 5, 6], [7, 8, 9]]
print(matrix)
```

```
[[1, 2, 3], [4, 5, 6], [7, 8, 9]]
```

2. 字典中嵌套字典，示例如下。

```
person = {
    'name': 'Alice',
    'age': 25,
    'address': {
        'city': 'New York',
        'street': '123 Main St'
    }
}
print(person)
```

```
{'name': 'Alice', 'age':25, 'address': {'city': 'New York', 'address':
'123 Main St'}}
```

3. 列表中嵌套字典，示例如下。

```
students = [
    {'name': 'Alice', 'age': 18},
    {'name': 'Bob', 'age': 20},
    {'name': 'Charlie', 'age': 22}
]
print(students)
```

```
[{'name': 'Alice', 'age':18}, {'name': 'Bob', 'age': 20}, {'name':
'Chaelie', 'age': 22} ]
```

4. 字典中嵌套列表，示例如下。

```
grades = {
    'English': [85, 92, 88],
    'Math': [95, 90, 87],
    'Science': [78, 85, 90]
}
print(grades)
```

```
{'Eglish': [85, 92, 88], 'Math': [ 95, 90, 87], 'Science': [78, 85, 90]}
```

虽然这一章的内容比较多，但比前两章的函数和面向对象：类的使用，还是容易多了，只要按照我们设计的代码示例多练习几次也就学会了。而且五类操作中还有很多相似之处，所以学会应该没有什么问题。

第 14 章

Python 报错与异常处理

异常处理是确保程序稳定运行的关键。学习处理 Python 中的错误和异常，可以帮助法律人构建更为稳定的法律应用程序，防止数据丢失和系统崩溃。

失败是成功之母。

——爱迪生

程序报错是令所有 Python 编程的初学者最头疼的事情，但又是不可避免的，即使是再优秀的程序员也无法避免自己所写的程序有错误、有 bug 的。本章的目的就是帮助大家解决程序出现异常的问题。如果实在解决不了，还可以请 ChatGPT 帮忙，它告诉你为什么报错和应该怎么处理。即便如此，大家还是需要学好这章，否则都不知道该如何向 ChatGPT 提问题。

软件异常（Exception），是指当程序出现错误后程序的处理方法，异常机制提供了程序正常退出的安全通道。当出现错误后，程序执行的流程发生改变，程序的控制权转移到异常处理器。一般情况下，在 Python 无法正常处理程序时就会发生一个异常，并输出一些相关的信息并终止程序的运行。

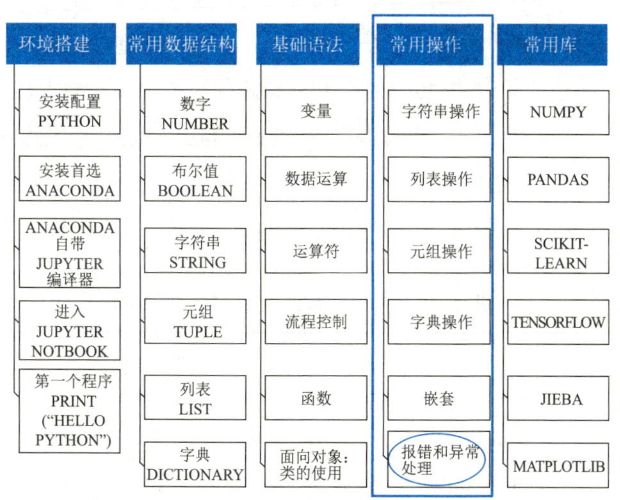

图 14-1　Python 编程语言的环境搭建和基本结构（报错和异常处理）

如果程序本身有错误，那么在运行过程中编译系统就会报出异常，导致程序出现中断，如下所示。

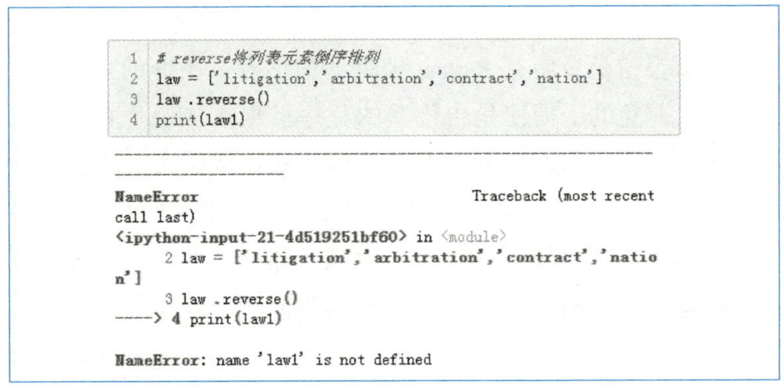

```
# reverse将列表元素倒序排列
law = ['litigation','arbitration','contract','nation']
law .reverse()
print(law1)
```

```
---------------------------------------------------------------------------
NameError                                 Traceback (most recent call last)
<ipython-input-21-4d519251bf60> in <module>
      2 law = ['litigation','arbitration','contract','nation']
      3 law .reverse()
----> 4 print(law1)

NameError: name 'law1' is not defined
```

这其实是编程过程中很正常的情况，因此出现错误时请大家不要惊慌失措。异常处理对于创建健壮和稳定的应用程序非常重要。它促使程序员编写干净、可读和无错误的代码。

那么在 Python 中应该怎样进行异常处理呢？

如果是程序调试时出现的问题，那么请根据报错异常的名称有针对性地解决即可。细心的你也许已经发现，以上示例的提示中已经基本锁定了错误的位置和问题，接下来该做的就是根据提示来修改错误了。

下面列出一些常见的错误提示和异常种类，如表 14-1 所示。

表 14-1 常见的错误提示和异常种类

	名称	描述
1	BaseException	所有异常的基类
2	Exception	常规错误的基类
3	ArithmeticError	所有数值计算错误的基类

续上表

	名称	描述
4	FloatingPointError	浮点计算错误
5	OverflowError	数值运算超出最大限制
6	ZeroDivisionError	除（或取模）零（所有数据类型）
7	AssertionError	断言语句失败
8	SystemExit	解释器请求退出
9	OSError	操作系统错误
10	ImportError	导入模块/对象失败
11	IOError	输入/输出操作失败
12	NameError	名称错误
13	SyntaxError	语法错误，代码形式错误
14	AttributeError	赋值错误
15	TypeError	类型错误
16	IndexError	索引错误
17	ValueError	值错误
18	KeyError	字典键值错误
19	FileNotFoundError	文件不存在错误
20	io. UnsuppOperation	文件权限问题报错
21	ModuleNotfoundError	模块未找到

异常即是一个事件，该事件会在程序执行过程中发生，影响程序的正常执行。一般情况下，在 Python 无法正常处理程序时就会发生一个异常。异常是 Python 的对象，表示一个错误。当 Python 脚本发生异常时我们就需要捕获处理它，否则程序会终止执行。

如果你不想在异常发生时结束你的程序，就需要使用 try/except 语句来捕获异常。其完整结构如下所示。

```
try:
    #要运行的有可能发生异常的代码
    代码 1
except expection1 as err01
    #出现异常 1 的时候要运行的代码，记录日志
    print("程序出现异常 {}".format(err01))
    raise erro1
expect expection2 as err02:
    #出现异常 2 的时候要运行的代码，记录日志
    print("程序出现异常 {}".format(err02))
    raise erro2
expect:
    #出现其他异常的时候要运行的代码，记录日志
    print("其他错误！")
else:
    #没有发生异常时执行
    代码 2
finally:
    #不管有没有异常都会执行
    代码 3
```

从上面的结构中我们可以知道，如果执行完整的结构代码，在代码没有错误的时候将会顺序执行代码 1、代码 2、代码 3。因此，一般情况下，我们可以根据实际情况取舍 else 和 finally 子句。下面再给出两个示例，帮助大家加深异常处理的理解。

```
#出现异常通过运行except子句而不会报错
a = 123

try:
    print(a/0)
except:
    print("除数不能为0")
```

除数不能为0

```
#当满足具体异常名称时运行对应的except子句
a = 123

try:
    print(a/0)
except ZeroDivisionError as err1:
    print("除数不能为0")
except:
    print("其他未知错误")
```

除数不能为0

再次强调，程序出现错误时不要急躁，平心静气地解决就好。没有什么错误是修改不了的。

学习编程的思维有个费曼技巧——即使只是在头脑中想象如何教别人，学习效率也相当于自己埋头学习的两三倍。希望大家好好领会，因为费曼技巧也同样适用于其他领域的学习。

第 15 章

Python 常用第三方库

Python 的强大功能部分来自于其庞大的第三方库。法律人可以利用这些库，例如 Pandas 和 Scikit-learn，来进行数据分析和机器学习，从而在处理复杂的法律问题时提供数据驱动的见解。

技术传播越广，越有用、越有价值。

——弗朗索瓦·肖莱

一、什么是 Python 第三方库

学习 Python 最大的好处在于，它有非常多的专业人士开发的第三方库，据说有 12 万个之多，因此，你可以找到你想要的任何一个第三方库并免费使用它。这些封装好的第三方库，涵盖了科学计算、信息技术、人工智能、统计、经济、金融、营销、管理、社会科学等各个领域。这些资源是 C、C++、Java 所无法企及的。你可以拿来即用，几条代码就可以安装好，使用起来也很简单，不需要高深的数学背景和娴熟的编程技能，只需要掌握 Python 基础即可上手，可以在使用的过程中不断熟练，所以 Python 又被大家称为“胶水语言”。

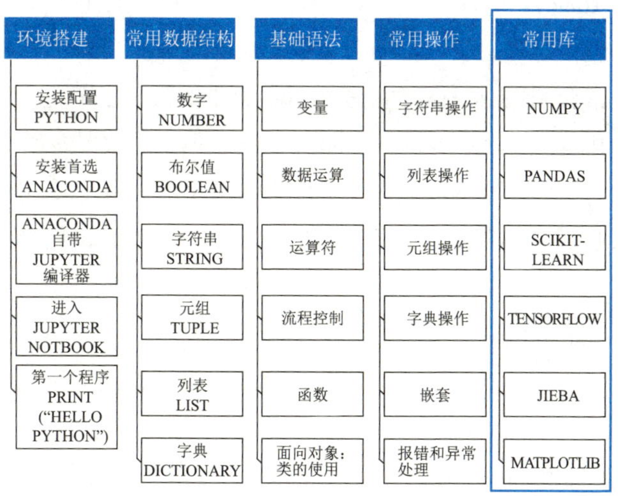

图 15-1　Python 编程语言的环境搭建和基本结构（常用库）

虽然有这么多令你眼花缭乱的工具，但是法律人需要的其实并不多。根据我们的研发经验，掌握 10 个常用第三方库基本上就可以应付法律工作了，而且一定会让你如虎添翼，对 Python 爱不释手。

很遗憾，我认识一些学了 Python 基础的法律朋友，由于培训班的基础课时没有讲授 Python 最宝贵的第三方库，所以他们觉得学 Python 没什么用。Python 基础对法律工作没有太大的帮助，以至于所学的 Python 知识和代码很快就被全部忘记了。如果他们知道 Python 有如此多的免费第三方库，并知道如何使用它们，情况就会完全不同，或许现在已经是法律界的 Python 高手了，所以我们一定要在 Python 基础的最后加上一章，即“Python 常用第三方库”。

二、法律人需要哪些 Python 第三方库

1. Numpy：Python 的科学计算基础包，可以存储和处理大型矩阵，包括矩阵运算、矢量处理、N 维数据转换等。做法律项目时，经常会调用 Numpy。它是 Python 自带的第三方库。

2. Pandas：基于 Numpy 扩展而来的，强大的数据处理工具集。它提供了一套标准的数据模型和大量处理数据的函数和方法。做法律项目时，也经常需要调用 Pandas。它是 Python 自带的第三方库。

3. Matplotlib：很好的数据可视化分析工具，是 Python 的 2D 绘图库。使用起来很简单，方便分析法律数据，比如绘制案件分布图等。

4. Scikit-learn：简单且高效的机器学习库，它包括 6 个机器学习算法，分类、回归、聚类、降维、选型、预处理。也被称为

Sklearn。

5. Gensim：用 Python 语言开发的，自然语言处理工具。可以实现 Google 于 2013 年推出的词向量算法（Word2Vec），这种算法可以映射每个词到一个向量空间，来表示词与词之间的关系和相似度。还可以实现 TF-IDF（词频—逆文件频率），这是信息检索与数据挖掘的加权技术，是法律项目中离不开的统计工具。

6. TensorFlow：Google 推出的最流行的第二代深度学习框架，更适合专业计算机人士使用。

7. Keras：Facebook 推出的深度学习框架，可以在 TensorFlow 上运行，是 Python 的深度学习库。简单易学，更适合非计算机专业人士使用。

8. NLTK：自然语言处理工具，可以建立词袋模型（单词计数）、词频分析（单词出现次数）等，是法律项目经常需要调用的第三方库。

9. Jieba：简单且实用的中文分词库，可以对法律文本进行分词，非常有用。

10. Requests：爬虫工具。它需要跟其他的几个库结合使用。可以从网站上抓取各种信息，包括文本、音视频和法律信息。我们也在尝试用爬虫辅助法律检索。

虽然可能搞不懂上述 Python 第三方库背后的数学原理，但这并不妨碍你调用这些库帮你完成所需要解决的问题。你会发现，在法律数据处理及分析、自然语言处理、机器学习等诸多方面都需要调用这些第三方库，所以了解并学会使用这些资源非常重要。

三、如何安装 Python 第三方库

有些第三方库是 Python 自带的，比如，Numpy、Pandas 等，

可直接调用。

如果不是 Python 自带的，则可以在 Jupyter Notebook 上直接导入，即输入如下代码：

```
>>pip install 库名
>>import 库名
>>from 库名
```

鉴于 Python 第三方库的使用不是 Python 基础的内容，而且需要在掌握 Python 基础后学习，所以我们将结合实践项目进行讲解，但是我们在附录 2　Python 常用代码的最后的一些代码中，用 Python 第三方库做了几个示例，大家可以看到 Python 第三方库开箱即用的便利。为了帮助大家尽快熟悉并使用 Python 第三方库，我们正在研发一些用 Python 第三方库写的只需要十几行至二十几行代码的法律小工具，让大家有一天可以成为法律界的 Python 高手！

Python 第三方库绝对是它的精华，但是如果你没有认真地学习本书各个章节，不知道什么是数据结构、基础语法、常用操作等基础知识，那么你就无法享受 Python 的第三方库给你带来的太多益处。因为如果你看不懂 Python 代码，就不知道怎么安装、调用和使用 Python 的第三方库。

最后，我作为文科背景的法律人，多年来研发法律人工智能的切身体会是："Python 是非常适合法律人学习的编程语言，它不仅简单易学，而且是学习人工智能的编程语言。而未来的人工智能将不再是高科技公司、大学和研究机构的专利。"这也就是我要写这本书的初衷。ChatGPT 等 AI 大模型将使法律人学习 Python 和人工智能变得更加容易，所以下一章我们将介绍一下，ChatGPT 在 Python 学习中的实际应用。

爱迪生说过："我们最大的弱点在于放弃，成功的必然之路就是不断重来"。当你把 Python 应用到你的实际工作中，成为你的好帮手时，你一定会觉得克服学习 Python 时遇到的困难是值得的，而且这段学习经历将使你终身难忘，因为这样的学习经历是法学院所没有的，它不仅改变了你的思维范式，还可以提高你动手解决实际问题的能力。

第 16 章

如何用 ChatGPT 学习 Python

通过使用 ChatGPT，法律人可以轻松学习 Python 编程。ChatGPT 不仅可以解答编程相关问题，还可以作为编码练习的伴侣，提供即时的代码反馈和算法优化建议。ChatGPT 正在改变我们传统的学习范式……

万物的智能成本无限降低，
人类的生产力与创造力得到解放。
——Sam Altman

2022年11月30日，美国科技公司OpenAI发布了一款机器人ChatGPT，顿时轰动了全世界。两个月的时间，用户超过了一亿，创造了历史。这款聊天机器人几乎达到了人类的智力水平，使我们第一次可以触摸到强人工智能（AGI）的临界点。正如比尔·盖茨所说："ChatGPT的出现就像当年的互联网和iPhone的出现一样。"它也许是我们脑力工作者的一次工业革命，有点像蒸汽机的发明一样。这项影响人类社会的颠覆性技术，正在给各行各业带来深刻的变革。

问：什么是ChatGPT?

ChatGPT：ChatGPT是由OpenAI开发的一个近乎人类智慧的大型语言模型。OpenAI成立于2015年12月，由埃隆·马斯克（Elon Musk）、山姆·奥特曼（Sam Altman）、格雷格·布罗克曼（Greg Brockman）等人共同创立，致力于推进人工智能技术的发展并确保其成果能够造福全人类。ChatGPT基于GPT（生成式预训练变换模型）架构，使用大量的互联网文本进行预训练，能够根据输入生成类似人类撰写的自然语言文本。它可以应用于多种领域，如客服、内容创作、语言翻译和代码协助等。

作为一个大型语言模型，它除了可以用近乎人类语言生成文本、回答问题、分析推理、翻译各种文字、生成图片和视频，还有一个非常重要的功能，就是可以完成基础的编程工作，并可以帮你查找代码中的 bug。如果你想为某个任务做个程序，你只需要告诉它是一项什么任务，它就可以在几秒中内帮你写好代码，你只要稍加修改就可以使用，节省了程序员大量宝贵时间。此前，我在学习 Python 遇到问题时，我会上百度搜索我所需要的代码，效果都不太好，还非常费时间，而且无法查找 bug。ChatGPT 把我学 Python 遇到问题基本都解决了，所以我必须再添加一章跟大家分享。如果有 ChatGPT 助力，我们原计划 20 学时的“法律+Python”的课程，也许 10 个学时就可以完成了，而且学习效果还更好。

对于零基础学习 Python 的法律人来说，ChatGPT 一定是你的良师益友，事半功倍的神器。因为它让 Python 学习变得前所未有地简单。如果我学习 Python 时能有 ChatGPT 这样的神器，我的学习效率不知该有多高呢！我再也不用因为一个 Python 语法概念找不到好的示例而发愁；再也不用因为一个代码跑不通，要花那么多时间一遍遍地重试；再也不用因为不知道该怎么写一段代码而冥思苦想。我可以列举太多的困难，而如果用 ChatGPT，这些困难都可以迎刃而解。ChatGPT 在编程上的能力堪称一流，难怪它可以通过 Google 年薪 18.3 万美元的 L3 级别的程序员考试。[1]

闲言少叙，我们先来看看 ChatGPT 是什么样，它又能如何助力 Python 的学习吧。

---

〔1〕 除 ChatGPT 和 Claude 等 AI 大模型外，国内的 AI 大模型，比如，文心一言、通义千问、Kimi ai 和豆包等也可以辅助 Python 学习和计算机编程等。

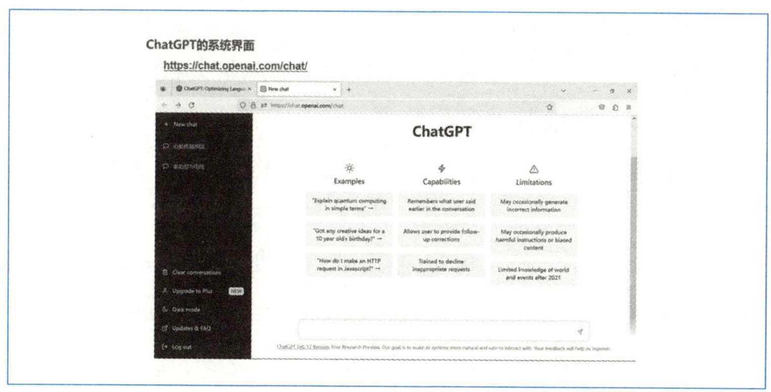

问：ChatGPT 如何帮助我们学习 Python？

ChatGPT：1. 通过与 ChatGPT 对话，学习 Python 的数据结构和基础语法，比如，数据结构、变量、运算符、逻辑运算、条件语句、循环、函数、类。

2. 通过与 ChatGPT 对话，提出有关 Python 编程的问题，并让它给出相关的答案和解释。你可以询问关于语法、常见错误、编程方法、第三方库的使用等各种有关 Python 的问题，帮助你更好地学习 Python。

3. 通过与 ChatGPT 对话，告诉它你想完成的任务，让它帮你写代码，供你参考。

4. 上传报错的代码，让 ChatGPT 给你纠错，并给你一个正确的示例，供你参考。

正如我们在本书的每一章都用示例讲解一样，也让我们给大家一些如何用 ChatGPT 学习 Python 的示例吧，因为示例是最有说服力的。

示例 1：

问：请介绍一下 Python 有哪些数据类型？

ChatGPT：Python 的数据结构是指用于存储和组织数据的方式和容器。它们是在编程过程中非常重要的工具，使开发人员能够有效地管理和操作数据。

以下是 Python 中常用的一些数据结构：

1. 列表（List）：列表是一种有序、可变的数据结构，可以存储多个元素，并且可以对其进行增加、删除和修改等操作。列表使用方括号 [ ] 表示，元素之间用逗号分隔。

2. 元组（Tuple）：元组与列表类似，区别在于元组是不可变的，即创建后不能修改。元组使用圆括号（ ）表示，元素之间用逗号分隔。

3. 字典（Dictionary）：字典是一种键值对的无序集合，每个元素都由一个键和一个值组成。字典使用花括号 {} 表示，每个键值对用冒号：分隔，键值对之间用逗号分隔。

4. 集合（Set）：集合是一种无序的、不重复的数据结构，用于存储独立的元素。集合可以进行交集、并集、差集等集合操作。集合使用花括号 {} 或者 set( ) 函数来创建。

5. 字符串（String）：字符串是由字符组成的序列，可以通过索引访问和切片操作来获取字符串中的字符或子串。字符串是不可变的，即创建后不能修改。

这些数据结构在 Python 中提供了不同的功能和操作，可以根据具体的需求选择合适的数据结构来存储和处理数据。除了上述提到的数据结构，Python还提供了其他一些数据结构和模块，如队列、堆、数组等，用于更特定的应用场景。

这里 ChatGPT 把我们在第 4 章 Python 数据结构做了非常好的归纳总结。这样简明扼要的介绍让人一看就懂，一学就会。不仅节省了老师讲解的时间，也提高了你的学习效率。

然后，我们可以再让 ChatGPT 给你逐一讲解下每个数据类型，并用代码做示例，从而加深你对每个 Python 数据类型的理解。

示例 2：

问：请给 Python 中每个数据结构做代码示例。

ChatGPT：以下是 Python 中常用的几种数据结构及其示例：

1. 列表（List）：列表是有序、可变的数据结构，可以包含各种类型的元素。

```
#列表示例
fruits = ["apple", "banana", "orange"]
numbers = [1, 2, 3, 4, 5]
print(fruits)
print(numbers)
```

```
[ “apple”, “banana”, “orange” ]
[1, 2, 3, 4, 5]
```

2. 元组（Tuple）：元组是有序、不可变的数据结构，可以包含各种类型的元素。

```
# 元组示例
point =(3, 4)
person =( "John" ,25," USA" )
print(point)
print(person)
```

```
(3, 4)
( "John" ,25," USA" )
```

3. 集合（Set）：集合是无序、可变的数据结构，每个元素都是唯一的。

```
# 集合示例
fruits = {"apple", "banana", "orange"}
numbers = {1, 2, 3, 4, 5}
print(fruits)
print(numbers)
```

（ “apple”，“banana”，“orange” ）

（1，2，3，4，5）

4. 字典（Dictionary）：字典是无序的键值对集合，每个键对应一个值。

```
# 字典示例
student = {"name": "John", "age": 20, "country": "USA"}
car = {"brand": "Toyota", "model": "Camry", "year": 2020}
print(student)
print(car)
```

{ “name”：“john”，“age”：20，“country”：“USA” }

{ “brand”：“Toyota”，“model”，“Camary”，“year”：2020）

这些数据结构在 Python 中是常见和有用的，你可以根据实际需要选择适当的数据结构来存储和操作数据。

示例 3：

问：请用 Python 中 if-else 语句做一个有关的法律案件的示例。

ChatGPT：当涉及法律场景时，Python 中的 if-else 语句可以用于模拟条件判断和执行相应的操作。

```
#if-else 做法律案件示例
evidence_available = False
if not evidence_available:
    print("如果你没有证据证明案件中的指控，那么可能无法向法庭起诉被告。")
else:
    print("如果你有确凿的证据证明案件中的指控，那么可以向法庭提出起诉被告。")
```

如果你没有证据证明案件中的指控，那么可能无法向法庭起诉被告。

在这个例子中，布尔变量 evidence_available 表示是否有证据可用。如果 evidence_available 为 False，即没有证据可用，程序将输出“如果你没有证据证明案件中的指控，那么可能无法向法庭起诉被告。”。反之，如果 evidence_available 为 True，即有证据可用，程序将输出“如果你有确凿的证据证明案件中的指控，那么可以向法庭提出起诉被告。”。

请注意，这只是一个简单的示例，实际情况中法律判断涉及更为复杂的条件和逻辑，且编程只是辅助工具，并不能完全代替法律专业知识和实践。

示例 4：

问：请用 Python 中的变量做一个有关法律案件的示例。

ChatGPT：下面是一个使用 Python 变量模拟法律案件的简单示例：

```
def legal_case(case_number, suspects, evidence, verdict):
    print(f"案件编号：{case_number}")
    print(f"嫌疑人：{suspects}")
    print(f"证据：{evidence}")
    print(f"判决结果：{verdict}")

# 示例调用函数
case_number = "2023-001"
suspects = ["张三", "李四"]
evidence = ["视频监控", "指纹"]
verdict = "有罪"
legal_case(case_number, suspects, evidence, verdict)
```

```
案件编号：2023-001
嫌疑人：[“张三”，“李四”]
证据：[“视频监控”，“指纹”]
判决结果：有罪
```

在这个示例中，我们定义了一个 legal_case 函数，接受四个参数：案件编号（case_number）、嫌疑人列表（suspects）、证据列表（evidence）和判决结果（verdict）。函数内部通过打印输出来展示案件的相关信息。

在示例调用函数中，我们创建了相应的变量来存储案件的信息，然后通过调用 legal_case 函数来展示该案件的详细信息。

你可以根据实际情况，修改变量的值和函数的逻辑，以模拟具体的法律案件。

示例 5：

问：请用 Python 中的函数做一个有关法律案件的示例。

ChatGPT：下面是一个使用 Python 函数来模拟法律案件的简单示例：

```
def prosecute_suspect(suspect_name, evidence_available):
    if evidence_available:
        print(f"对嫌疑人{suspect_name}进行起诉。")
    else:
        print("缺乏证据，无法对嫌疑人进行起诉。")

# 示例调用函数
prosecute_suspect("张三", False)
prosecute_suspect("李四", True)
```

```
缺乏证据，无法对嫌疑人进行起诉。
对嫌疑人李四进行起诉。
```

在这个示例中，prosecute_suspect 是一个函数，接受两个参数：嫌疑人姓名和证据是否可用。根据传入的参数，在函数内部进行判断和输出不同的结果。

如果有证据可用，函数将输出类似于“对嫌疑人张三进行起诉。”的结果。如果没有证据可用，则输出类似于" 缺乏证据，无法对嫌疑人进行起诉。" 的结果。

你可以根据实际情况，修改函数的逻辑和输出内容，以适应具体的法律案件场景。

示例 6：

问：请用 Python 中的类做一个有关法律案件的示例。

ChatGPT：下面是一个使用 Python 类来模拟法律案件的示例：

```
class LegalCase:
    def __init__(self, case_number, suspects, evidence, verdict):
        self.case_number = case_number
        self.suspects = suspects
        self.evidence = evidence
        self.verdict = verdict
  # 调用display_details显示案件信息
    def display_details(self):
        print(f"案件编号：{self.case_number}")
        print(f"嫌疑人：{self.suspects}")
        print(f"证据：{self.evidence}")
        print(f"判决结果：{self.verdict}")

 # 示例创建法律案件对象并显示详情

case1 = LegalCase("2023-001", ["张三", "李四"], ["视频监控",
      "指纹"], "有罪")
case1.display_details()
```

```
案件编号：2023-001
嫌疑人：['张三'，'李四']
证据：['视频监控'，'无指纹']
判决结果：有罪
```

在这个示例中，我们定义了一个名为 LegalCase 的类，它具有初始化方法 _init_和显示详情的方法 display_details。

在初始化方法中，我们传入案件编号、嫌疑人列表、证据列表和判决结果，并将它们存储为类的属性（成员变量）。

在显示详情的方法中，我们使用 self 来引用类的属性，并通过打印输出来展示案件的详细信息。

在示例中，我们创建了一个名为 case1 的法律案件对象，通过传入相应的参数值进行实例化，并调用 display_ details 方法来显示案件的详细信息。你可以根据实际情况，创建多个法律案件对象，并调用相应的方法来展示每个案件的详细信息。

从上述示例可以看出，ChatGPT 不仅给出了非常好的示例，还详细解释了每一条代码的作用，使我们不仅可以知其然，而且知其所以然。对老师来说，设计类似上述的示例，是很烧脑的任务，更不用说让法律同学们去做这样一个作业了，而 ChatGPT 在几十秒的时间里就完成了。

在实战环节，ChatGPT 将发挥更大的作用，它将为我们提供很好的参考代码，帮助我们顺利完成实战环节的各项任务。为组织实战环节的项目，我们花费很多时间，如果没有 ChatGPT 的助力可能现在还不能把代码写出来。ChatGPT 也将帮助同学们顺利完成实战环节的各项任务，而且可以学到更多 Python 在法律任务上的应用。

总之，ChatGPT 正在深刻地改变着我们传统学习编程的范式，学习效率大幅提升。我们原来计划的 20 学时课程，也许 15 学时即可完成，而通过“法律+Python”这门课的学习，我们不仅可以看懂 ChatGPT 给你的Python代码，还可以学习使用这些代码求解一些实际的法律问题，一定很有成就感吧。只要我们抱着对 ChatGPT 这个 AI 大模型的敬畏和好奇心，发挥我们的想象力和创造力，我们就能实现无限的可能。我们期待着在“法律+Python”的教学实际中发现更多使用 ChatGPT 的场景，让 ChatGPT 成为这门课程，以及法学院其他课程最好的合作伙伴。

第 17 章

Python 法律实践项目

为了激发大家的学习兴趣，学以致用，本章涉及 10 个法律实践项目。这些实践项目旨在引导大家通过亲自动手实践来巩固学习成果，并将所学的编程技能用到日常的法律学习和工作中去。

预见未来的最好方式就是去创造它。

——艾伦·凯

尽管在本课程中我们已经穿插了不少 Python 练习，但这还是远远不够的，需要不断地进行更加深入的实战练习才能比较好地掌握 Python 这门人工智能语言。为了激发大家的学习兴趣，学以致用，我们为大家精心准备了 10 个法律实践项目。这些实践项目旨在引导大家通过亲自动手实践来巩固学习成果，并将所学的编程技能用到日后的法律学习和工作中去。

这些实践项目不是凭空杜撰出来的，而是根据我们多年来从事法律人工智能研发的实践经验设计的。它不仅考虑到了未来法律人应该掌握的编程技能，也考虑到了法律人的知识结构和编程能力相对薄弱的实际情况，力求深入浅出，并对实践项目的代码操作做了比较详尽的解释，方便大家自己动手操作，使大家可以开动脑筋，发挥想象力和创造力，把所学的 Python 知识变成活的东西，变成生产力和竞争力。

在设计法律实际项目和编程的过程中，我们发现，这些法律实践项目不仅能提升法律人的编程技能，而且它将通过一种工程化的训练使法律人的理性化思维范式得到一定的补充。这个想法受到了 OpenAI 成功推出 ChatGPT，又在这么短的时间推出文生视频的世界大模型 Sora 的启发。他们之所以能够压倒 Google 和 Meta 等科技巨头脱颖而出，就是得力于工程化的实践，所以我们希望通过这门课程和实践项目，尝试培养文科背景的法律人对科学实验的兴趣和能力，也就是在实际项目中用工程化的思维把一个大的问题拆分成若干小的问题，用实验和工程化的方法一个个解决，然后再解决一个大的问题。理论上讲，就是如何应用笛卡尔提出的科学方法论。[1]整个过程对法律人来说，其实就是一次难得的思想实验。它对法律人未来的学习和工作都会产生深刻的影响。

令人振奋的是，以 ChatGPT 为代表的生成式人工智能的横空出世，不仅使 Python 的学习门槛大幅降低，也使我们实践项目的难度得以明显降低。由于我们在实践项目的编程中使用了 ChatGPT，才让实践项目的代码更加简洁、更富有创意。如果没有 ChatGPT，这一切都是难以想象的。正如，英伟达的创始人黄仁勋所说："过去 40 年，我们把计算机和软件搞得如此复杂，突然有一天 ChatGPT 出现了，它把一切都变得如此简单，让我们每一个人都可以成为掌握深度学习的人。"所以在实践项目中，我们将指导大家如何使用 ChatGPT 更加高效地完成实践项目和发现创意。可以说，这门课程和实践项目也是一次应用 ChatGPT 的尝试，我们希望可以复制到法学院其他课程的教学和研究中去。在未来的"强人工智能"（AGI）时代，一切都需要重新定义了。在我们重新定义 Python 学习和使用之时，我们再次感受到了人工智能的魅力。

如下是我们为大家设计的法律实践项目，它涵盖了本书中所学的知识和用 Python 及其第三方库完成法律任务时需要的掌握的数据处理、自然语言处理、相似度计算、文本匹配、量化分析等技术。

* 用 Python 做一个法律客户名单和相关信息
* 用 Python 做一个法律分词和词频统计

---

〔1〕 吴军在《全球科技通史》中，将笛卡尔的科学方法概括为：(1) 提出问题；(2) 进行实验；(3) 从实验中得出结论并解释；(4) 将结论推广；(5) 找出新的问题。

* 用 Python 读取法律文件并做分词和词频
* 用 Python 的 TF-IDF 做一个法律文本相似度匹配
* 用 Python 的 Word2Vec 做法律案件的相似度匹配
* 用 Python 中的 re 模块查找法律文本中匹配的字或词
* 用 Python 做一个法律数量与案件数量之间关系的图形
* 用 Python 绘制一个法律案件中罚金或赔偿金额的正态分布图
* 用 Python 做一个法律文本的词云图
* 用 Python 做一个爬虫程序抓取法律文本数据

上述法律实践项目中编写的代码都可以复制粘贴到 Python 的 Jupyter Notebook 上运行，并且可以根据学习要求和兴趣调整代码和参数。现在就按照我们设计的法律实践项目开始实战之旅吧！

1. 用 Python 做一个法律客户名单和相关信息

```
# 导入collections模块中的defaultdict，用于创建默认值为列表的字典
from collections import defaultdict
# 创建customers列表，包含客户信息
customers = [
  ['张宇', '男', 24, '河北', '工人', '原告', '劳务案'],
  ['王丽娜', '女', 33, '陕西', '商人', '被告', '合同案'],
  ['李萍', '女', 28, '山东', '工人', '被告', '劳务案'],
  ['徐晴', '女', 25, '四川', '工人', '原告', '劳务案'],
  ['马潇潇', '男', 34, '四川', '工人', '原告', '劳务案'],
  ['张晓', '男', 27, '陕西', '商人', '被告', '合同案']
]
# 使用defaultdict初始化字典categories，用于按类别存储客户信息
categories = defaultdict(list)
# 初始化各个类别的键
categories['gender'] = defaultdict(list)  # 存储性别信息
categories['origin'] = defaultdict(list)  # 存储籍贯信息
```

```
categories['occupation'] = defaultdict(list)  # 存储职业信息
categories['status'] = defaultdict(list)  # 存储案件角色信息
categories['case'] = defaultdict(list)  # 存储案件类型信息
categories['above_30'] = []  # 存储年龄大于等于30的客户姓名
categories['below_30'] = []  # 存储年龄小于30的客户姓名
# 遍历customers列表，将客户信息按类别存储到categories字典中
for customer in customers:
    #解包客户信息
    name, gender, age, origin, occupation, status, case = customer
    #根据不同类别存储客户姓名
    categories['gender'][gender].append(name)  # 按性别存储客户姓名
    categories['origin'][origin].append(name)  # 按籍贯存储客户姓名
    categories['occupation'][occupation].append(name)  # 按职业存储客户姓名
    categories['status'][status].append(name)  # 按案件角色存储客户姓名
    categories['case'][case].append(name)  # 按案件类型存储客户姓名
    # 判断客户年龄并存储到相应的列表中
    if age >= 30:
        categories['above_30'].append(name)  # 年龄大于等于30岁，存入above_30列表
    else:
        categories['below_30'].append(name)  # 年龄小于30岁，存入below_30列表
# 打印分类结果
for category, values in categories.items():
  if isinstance(values, defaultdict):
    values = dict(values)
  print(f'{category}: {values}')
输出结果:
    gender: defaultdict(<class'list'>, {'男': ['张宇', '马潇潇', '张晓'],'女': ['王丽娜','李萍','徐晴']})
    origin: defaultdict(<class 'list'>, {'河北': ['张宇'],'陕西': ['王丽娜', '张晓'], '山东': ['李萍'], '四川': ['徐晴', '马潇潇']})
    occupation: defaultdict(<class 'list'>, {'工人': ['张宇', '李萍','徐晴','马潇潇'],'商人': ['王丽娜','张晓']})
    status: defaultdict(<class 'list'>, {'原告': ['张宇','徐晴','马潇潇'],'被告': ['王丽娜', '李萍', '张晓']})
    case: defaultdict(<class 'list'>, {'劳务案': ['张宇', '李萍','徐晴','马潇潇'],'合同案': ['王丽娜', '张晓']})
    above_30: ['王丽娜', '马潇潇']
    below_30: ['张宇', '李萍','徐晴','张晓']
```

ChatGPT：这组代码可以用于收集、存储、添加和修改客户信息，其代码实现方法如下：

（1）从 collections 中导入了 defaultdict 类，用于创建默认值为列表的字典。

（2）创建一个包含客户信息的 customers 列表。

（3）使用 defaultdict 初始化了 categories 字典，用于按类别存储客户信息。

（4）初始化了 categories 字典的各个类别键，分别为 gender、origin、occupation、status、case、above_30 和 below_30。

（5）遍历 customers 列表，将客户信息按照性别、籍贯、职业、案件角色和案件类型等类别存储到 categories 字典中。同时根据客户的年龄将其分为年龄大于等于 30 岁和小于 30 岁的两组，并分别存储到 above_30 和 below_30 列表中。

（6）打印分类结果，将各个类别及对应的客户信息打印出来。

这组代码涵盖了我们在本书中所学习的很多 Python 知识点、第三方库和实操，可以总结如下：

- 数据结构：使用列表（list）和字典（dict）存储和操作数据。
- collections 模块：使用 defaultdict 创建默认值为列表的字典。defaultdict 可以在字典中提供默认值，避免了对不存在键的显式检查。
- 循环（for 循环）：使用 for 循环对列表中的每个元素进行迭代。
- 条件语句（if 语句）：使用 if 语句根据年龄划分人员为 30 岁及以上和 30 岁以下。
- 字典嵌套：创建了一个嵌套的字典，其中包含了不同类别的人员信息（按性别、籍贯、职业、案件类型、法律案例的原告/被告以及年龄分组）。
- 格式化输出：使用 f-string 进行格式化输出。

总之，这组代码通过对客户信息进行分类，运用了 Python 中的字典、列表、循环、条件语句等基本概念和操作，还运用了 Python 的第三方库。

2. 用 Python 做一个法律分词和词频统计

```
# 导入Python的jieba分词库
# 导入collections模块中的Counter
import jieba
from collections import Counter
# 定义函数 tokenize_and_count，用于分词和统计词频
def tokenize_and_count(text, stop_words=None):
  # 分词，使用jieba库的cut函数，返回一个生成器，将其转换为列表
  tokens = list(jieba.cut(text))
  # 删除停用词
  if stop_words:
    # 使用列表推导式，仅保留不在停用词列表中的词语
    tokens = [word for word in tokens if word not in stop_words]
  # 去除标点符号
  tokens = [word for word in tokens if word not in ['，', '。']]
  # 统计词频，使用Counter统计tokens列表中每个词语的出现次数，并返回一个字典
  word_freq = Counter(tokens)
  return word_freq
# 示例中文文本
text = "民法典是我国建国以来颁布的最完整的有关民商事关系的民法典，
  所以我们公民应该好好学习这部民法典。"
# 停用词表，你可以根据实际需求添加更多的停用词
stop_words = ['是', '我国', '以来', '最', '的', '有关', '所以',
  '应该', '好好', '这部']
# 分词和词频统计，同时删除停用词和标点符号
result = tokenize_and_count(text, stop_words=stop_words)
# 打印词频统计结果
print(result)
输出结果：
Counter({'民法典': 3,'建国以来' : 1, ' 颁布' : 1' 完整' : 1, '民商事' : 1,
'关系' : 1, '公民' : 1.'好好学习' : 1})
```

ChatGPT：这组代码的作用是对给定的文本进行分词，并统计每个词语的出现频率，同时过滤掉停用词和标点符号，其代码实现方法如下：

（1）导入了 jieba 分词库和 collections 模块中的 Counter 类。

（2）定义了一个函数 tokenize_and_count，用于对输入的文本进行分词和统计词频的操作。

（3）在 tokenize_and_count 函数中，首先使用 jieba 库的 cut 函数对输入的文本进行分词，得到一个生成器，然后将生成器转换为列表，存储在 tokens 变量中。

（4）根据传入的停用词列表，使用条件判断语句，仅保留不在停用词列表中的词语。如果停用词列表不为空，则过滤掉其中的停用词。

（5）再次使用列表推导式，将 tokens 列表中不包含在标点符号列表中的词语筛选出来，以去除标点符号。

（6）利用 Counter 类统计 tokens 列表中每个词语的出现次数，生成一个词频字典 word_freq。

（7）在示例中文文本和停用词列表都准备好后，调用 tokenize_and_count 函数，传入文本和停用词列表作为参数，进行分词和词频统计操作，得到词频统计结果存储在 result 变量中。

（8）打印词频统计结果。

3. 用 Python 读取法律文件并做分词和词频

```
# 导入Python的第三方分词库jieba
# 导入re正则表达式
import jieba
import re
```

```
# 打开文件并读取文本内容(上述文件只是展示用的，需要有存在自己电脑中的文件)
file = open("C:\\Users\\surface\\Desktop\\法律AI课程（1）.txt", "r")
text = file.read()
file.close()
# 创建空字典用于存储词频统计结果
word_dict = {}
# 使用jieba库进行分词
sentence_depart =jieba.cut(text.strip())
# 遍历分词结果，统计词频
for word in sentence_depart:
    if word not in word_dict:
        word_dict\[word\] = 1
    else:
        word_dict\[word\] += 1
# 打印词频统计结果
print(word_dict)
```

输出结果：

```
{'法律' : 30,'人工智能' : 37,'概论' : 8, '\n' : 32,'\u3000' :
137, ' ' : 4, '张' : 1, '力行' : 1, '老师' : 1, '实验室' : 2,
'创始人' : 1, '2021' : 1, '年' : 3, '12' : 2, '月' : 2,'31' : 1,
'日' : 2, '北' : 1, '京' : 1, '课程' : 11, '大纲' : 1, '编写' :
1, '说明' : 1, '一' : 1, '、' : 8, '开设' : 3, '的' : 45, '背景' :
 1, 'AlphaGo' : 1, '战胜' : 1, '围棋' : 1,'冠军' : 1, '李世石' : 1,
'再次' : 1, '掀起' : 1, '热潮' : 2, '，' : 36, '世界' : 2, '各国' :
 1, '都' : 2, '将' : 4, '研发' : 1, '和' : 15, '应用' : 1, '作为' :
 1, '国家' : 1, '重大' : 1, '发展' : 4, '战略' : 1, '。': 13,'为此' :
 1, '2017' : 1, '7' : 1, '8' : 1, '国务院' : 1,'印发' : 1, '了' : 2,
'《' : 10, '新一代' : 1, '规划' : 2, '》' : 10,'旨在' : 1,'使' : 1,
'我国' : 1, ' 水平' : 1, ' 在' : 2, ' 2030' : 1, ' 居于' : 1,'领先地位' :
1, '其中' : 2,'“' : 4, ' +': 1, ' '' : 1, '”' : 4, '复合' : 1, '专业' :
1, '人才培养' : 2, '就' : 1, '包括' : 1, '法学' : 2, '这' : 2, '意味着' :
1,'教育' : 2, '打破' : 1, '文理科' : 1, '界限' : 1, ' '规模' : 1, '改革' :
1, '势在必行' : 1, '国内' : 1, ' '些' : 3, '院校' : 1, '率先' : 1, '成立
' : 1, '学院' : 1, '二' : 1, '目的' : 2, '与' : 2,'意义' : 1, '以' : 2,
'为' : 9, '推手' : 1,'新一轮' : 1, '科技' : 1, '革命' : 1,'产业革命' : 1,
```

```
'已经': 3, '到来': 1, '培养': 2, '适应': 2, '时代': 5, '人才': 2,
'应该': 1, '要求': 1, '让': 6, '学生': 1, '从零开始': 1, '了解' :3,
'什么': 1, '是': 5, '掌握': 1, '基本知识': 1, '需要': 4, '跨学科':
1,'复合型': 1, '既': 1, '懂': 2, '又': 1, '但': 1,'目前': 1, '无
论是': 1, '师资': 1, '还是': 1, '教材': 1, '无法': 1, '满足': 1,
'我们': 2, '希望': 2, '设置': 1, '可以': 1, '填补': 1, '上述': 1,
'空白': 1, '最能': 1, '激发': 1, '同学': 6, '们': 4,'好奇心': 1,
'想象力': 1, '创造力': 1, '领域': 1,'也': 1, '基础': 6,'这门': 4,
'课': 3, '所在': 1, '三': 1,'课程内容': 1,'时间': 3, '安排':
2,'初步': 1, '计划': 1, '由': 1, '十个': 1,'章节': 1,'讲义': 1,
'100': 1,'多个': 1, 'PPT': 1, '若干': 1,'思维': 1,'导图': 1,'组成':
1,'并': 4,'附有': 1,'参考文献': 1,'课时': 1, '32': 1,'个': 3,'学
时': 3, '20': 1,'课堂': 1,'授课': 1,'软件': 1, '实际操作': 1, '练
习': 1,'四': 1,'实训': 3,'环节': 2,'有别于': 2, '其他': 2, '一门':
2, '更加': 4, '实践性': 2, '除了': 2, '历史': 2, '基本概念': 2,
'理论': 4, '外': 2, '调': 2, '联系实际': 2, '实际': 2,'使用': 2,
'开发': 2, '产品': 2,'学习': 6,'编程': 3,'机器': 2, '知识': 2,'未
来': 3, '工作': 2,'打下': 2,'良好': 2,'规划表': 1,'五': 1,'1': 1,
'': 2, 'Python': 1, '环境': 1, '搭建': 1,'基础知识': 1, '2': 1,
'爱尔兰': 1,'一位': 1,'著名诗人': 1, '丁藜': 1,'曾经': 1, '说': 1,
'过': 1, ':': 1,'不是': 1, '为了': 2,'灌满': 1,'一桶': 1,'水':
1,'而是': 1, '点燃': 2,'一把': 2,'火': 2,'到来之际': 1, '课能': 1,
'他们': 1,'成为': 1, '所': 1,'新': 1,'物种': 1,'这个': 1,'作出':
1, '应有': 1, '贡献': 1}
```

ChatGPT：这组代码通过分词和词频可以展示法律文本中哪些关键词是值得关注的，有助于我们进行法律量化分析，其代码实现方法如下：

（1）导入了 Python 的第三方分词库 jieba 和正则表达式模块 re。

（2）打开名为“法律 AI 课程（1）.txt”的文件，并使用文件对象的 read( ) 方法将文本内容读取到变量 text 中。

（3）关闭文件，释放资源。

（4）创建一个空字典 word_dict，用于存储词频统计结果。

（5）使用 jieba 库的 cut( ) 函数对文本进行分词，得到分词结果并去除首尾空白字符。

（6）遍历分词结果，对每个词语进行词频统计，更新 word_dict 中相应词语的出现次数。

（7）打印词频统计结果，即每个词语及其在文本中出现的次数。

4. 用 Python 的 TF-IDF 做一个法律文本相似度匹配

```
# 导入NLTK库
import nltk
# 导入TF-IDF向量化器
from sklearn.feature_extraction.text import TfidfVectorizer
# 导入余弦相似度计算函数
from sklearn.metrics.pairwise import cosine_similaritiy
# 下载停用词
nltk.download('stopwords')
# 示例法律文本
legal_documents = [
"本合同是由甲方提供的服务协议。",
"乙方同意支付甲方的服务费用。",
"在合同期内，甲方有权终止服务。",
]
# 待匹配的文本
query = "乙方同意支付甲方的服务费用。"
# 文本预处理和特征提取
stopwords = set(nltk.corpus.stopwords.words("english"))
vectorizer = TfidfVectorizer(stop_words=stopwords)
tfidf_matrix = vectorizer.fit_transform(legal_documents + [query])
# 计算余弦相似度
cosine_similarities = cosine_similarity(tfidf_matrix[-1], tfidf_matrix-
[:-1])
```

```
# 打印相似度
for i, score in enumerate(cosine_similarities[0]):
  print(f"文档{i + 1}与查询文本的相似度: {score}")
# 找到最匹配的文档
most_similar_doc_index = cosine_similarities.argmax()
print(f"\n最匹配的文档是文档{most_similar_doc_index+1}: \n{legal_documents[most_similar_doc_index]}")
输出结果:
文档1与查询文本的相似度: 0.0
文档2与查询文本的相似度: 1.0
文档3与查询文本的相似度: 0.0
```

相似度越接近 1，表示对应案件之间的相似度越高。做法律文本匹配可以使用自然语言处理（NLP）技术，使用 nltk 和 sklearn 库来实现基本的文本匹配。

ChatGPT：这组代码使用了 TF-IDF 特征提取和余弦相似度计算法律文本之间的相似度，其代码实现方法如下：

（1）导入了 nltk 库用于自然语言处理的辅助功能，以及 TfidfVectorizer 和 cosine_similarity 从 sklearn 库用于计算 TF-IDF 特征和余弦相似度。

（2）下载停用词：使用 nltk.download（'stopwords'）下载英语停用词。停用词是在文本分析中通常被忽略的常见词汇，因为它们通常对文本的含义贡献较小。

（3）定义法律文本和查询文本：提供了一个包含几个法律文本的列表 legal_documents，并提供了一个查询文本 query。

（4）文本预处理和特征提取：使用 TfidfVectorizer 对法律文本和查询文本进行文本预处理和特征提取。TF-IDF（Term Frequency-Inverse Document Frequency）是一种用于衡量文本中词语重要性的方法，它将每个词的重要性权重与文本关联。

（5）计算余弦相似度：使用 cosine_similarity 计算了查询文本与法律文本之间的余弦相似度。余弦相似度是一种度量两个非零向量之间的夹角的方法，用于衡量它们在多维空间中的相似程度。

（6）打印相似度：遍历了余弦相似度的结果，打印了每个法律文本与查询文本的相似度。

（7）找到最匹配的文档：找到了与查询文本相似度最高的法律文本，并打印了该文本的内容。

这个示例的目的是通过计算余弦相似度来找到与查询文本最相似的法律文本。在实际应用中，这种方法可以用于法律文本检索、推荐系统等任务。

5. 用 Python 的 Word2Vec 做法律案件的相似度匹配

```
# 导入gensim中的models模块
# 导入Word2Vec词向量模型
from gensim import models
from gensim.models import Word2Vec
# 准备案件文本数据集
case_documents = [
["本案涉及盗窃罪，被告被指控盗窃财物。"],
["该案是一起与盗窃有关的刑事案件。"],
["这是一起杀人案件，被告被控杀害受害人。"],
["本案涉及盗窃罪，被告被指控盗窃财物。"]
# 其他案件文本…
]
# 训练Word2Vec模型
model = Word2Vec(case_documents, min_count=1)
# 获取案件文本的词向量表示
case1_vector = model.wv[case_documents[0][0].split()]
```

```
case2_vector = model.wv[case_documents[1][0]. split()]
case3_vector = model.wv[case_documents[2][0]. split()]
case4_vector = model.wv[case_documents[3][0]. split()]
# 计算案件文本之间的相似度
similarity_score_1_2 = model.wv.similarity(case_documents[0][0],
case_documents[1][0])
similarity_score_1_3 = model.wv.similarity(case_documents[0][0],
case_documents[2][0])
similarity_score_1_4 = model.wv.similarity(case_documents[0][0],
case_documents[3][0])
# 打印相似度结果
print("案件1与案件2的相似度:", similarity_score_1_2)
print("案件1与案件3的相似度:", similarity_score_1_3)
print("案件1与案件4的相似度:", similarity_score_1_4)
输出结果:
案件1与案件2的相似度: -0.234641
案件1与案件3的相似度: 0.006390701
案件1与案件4的相似度: 0.99999994
```

ChatGPT：与 TF-IDF 一样，用 Word2Vec 做相似度计算时，相似度越接近 1，表示对应案件之间的相似度越高，其代码实现方法如下：

（1）导入模块：from gensim import models（从 gensim 库中导入 models 模块）用于训练 Word2Vec 模型。from gensim. models import Word2Vec（从 gensim 库的 models 模块中导入 Word2Vec 类）用于创建和训练 Word2Vec 模型。

（2）准备案件文本数据集：创建一个包含多个案件文本的列表 case_documents，每个案件文本作为一个子列表存储在其中。

（3）训练 Word2Vec 模型：使用 Word2Vec 类初始化一个 Word2Vec 模型对象 model，并将案件文本数据集作为参数传递给它。参数 min_count=1 表示最小词频阈值为 1，即只考虑出现频率不低于 1 次的词汇。

（4）获取案件文本的词向量表示：使用训练好的 Word2Vec 模型，通过 model. wv 获取词向量。通过 . split( ) 方法将每个案件文本拆分成单词，并通过词向量模型获取其对应的词向量表示。

（5）计算案件文本之间的相似度：使用 Word2Vec 模型的 similarity 方法计算案件文本之间的相似度。通过 model. wv. similarity 方法传入两个案件文本的字符串形式，即案件文本本身。

（6）打印相似度结果：将计算得到的相似度分数打印输出，展示案件之间的相似度情况。相似度越接近 1，表示对应案件之间的相似度越高。

6. 用 Python 中的 re 模块查找法律文本中匹配的字或词

```
# 导入 Python 的正则表达式模块，查找文本中匹配的字或词
import re
# 示例文本
text_string ='当事人一方不履行合同义务或者履行合同义务不符合约定，应当承担继续履行、采取补救措施或者赔偿损失等违约责任。当事人一方明确表示或者以自己的行为表明不履行合同义务的，对方可以在履行期限届满前请求其承担违约责任。'
regex = '约定'  # 需要匹配的关键词
# 使用句号进行文本拆分
p_string = text_string.split('。')
found = False  # 标志变量，用于记录是否找到匹配项
# 遍历拆分后的文本行
for line in p_string:
  if re.search(regex, line):  # 使用正则表达式查找匹配项
     print(line)
     found = True
# 如果没有找到匹配项，输出 None
if not found:
   print(None)
```

```
输出结果:
当事人一方不履行合同义务或者履行合同义务不符合约定，应当承担继续履行、采
取补救措施或者赔偿损失等违约责任
```

ChatGPT：这组代码的作用是查找文本中是否包含了与指定关键词匹配的内容，如果找到了，则打印匹配到的文本行；如果未找到，则输出 None，其代码实现方法如下：

（1）导入了 Python 的正则表达式模块 re。

（2）定义了一个字符串变量 text_string，其中包含了示例文本。

（3）定义了一个字符串变量 regex，用于存储需要匹配的关键词，这里设置为'约定'。

（4）使用字符串的 split( ) 方法对文本进行拆分，以句号'。'作为分隔符，将文本拆分成多个行，并存储在变量 p_ string 中。

（5）初始化一个布尔型的标志变量 found，用于记录是否找到了匹配项，初始值为 False。

遍历拆分后的文本行，对每一行文本进行正则表达式的匹配查找。

（6）在循环中，使用 re. search( ) 函数对当前行文本进行匹配查找，查找是否存在与正则表达式 regex 匹配的内容。

（7）如果找到了匹配项，则打印匹配到的当前行文本，并将 found 标志变量置为 True。

（8）如果循环结束后 found 仍然为 False，即没有找到匹配项，则输出 None。

这组代码中的 regex 是 regular expression 的缩写，翻译为中文是“正则表达式”。正则表达式是一种强大的文本匹配和处理工具，它允许你定义一个字符串的搜索模式，用于在文本中查

找和匹配等操作。

在上面的代码中，regex = '约定' 就是定义了一个简单的正则表达式，表示要匹配包含字符串“约定”的文本行。在实际应用中，正则表达式可以更为复杂，允许使用各种规则和模式来实现更灵活的文本处理。

7. 用 Python 做法律数量与案件数量之间关系的图形

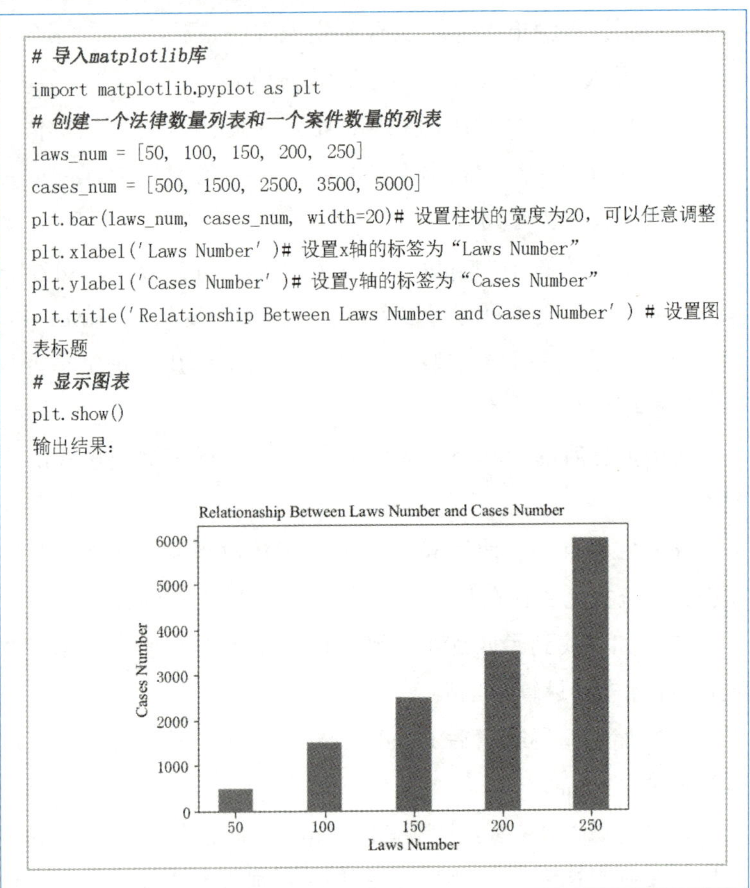

```
# 导入matplotlib库
import matplotlib.pyplot as plt
# 创建一个法律数量列表和一个案件数量的列表
laws_num = [50, 100, 150, 200, 250]
cases_num = [500, 1500, 2500, 3500, 5000]
plt.bar(laws_num, cases_num, width=20)# 设置柱状的宽度为20，可以任意调整
plt.xlabel('Laws Number' )# 设置x轴的标签为“Laws Number”
plt.ylabel('Cases Number' )# 设置y轴的标签为“Cases Number”
plt.title('Relationship Between Laws Number and Cases Number' ) # 设置图表标题
# 显示图表
plt.show()
```

输出结果：

ChatGPT：这组代码使用 Python 的 Matplotlib 库创建柱状图，用于展示“Laws Number”和“Cases Number”之间的关系，其代码实现方法如下：

（1）import matplotlib. pyplot as plt：导入 Matplotlib 库，并给它起了一个别名 plt，以便在代码中使用。

（2）laws_num = [50, 100, 150, 200, 250]：创建一个包含法律数量的列表。这个列表中的数字表示不同的法律数量。

（3）cases_num = [500, 1500, 2500, 3500, 5000]：创建一个包含案件数量的列表。这个列表中的数字表示相应法律数量下的案件数量。

（4）plt. bar(laws_num, cases_num, width = 20)：使用 plt. bar() 函数创建柱状图。第一个参数是 x 轴上的数据，即法律数量；第二个参数是 y 轴上的数据，即案件数量；width = 20 表示设置柱子的宽度为 20。这里通过设置柱子的宽度，使得柱子变得更宽。

（5）plt. xlabel('Laws Number')：设置 x 轴的标签为“Laws Number”。

（6）plt. ylabel('Cases Number')：设置 y 轴的标签为“Cases Number”。

（7）plt. title('Relationship Between Laws Number and Cases Number')：设置图表的标题为“Relationship Between Laws Number and Cases Number”。

（8）plt. show()：显示图表。plt. show()是一个用于显示图形的函数调用。

通过这组代码，我们可以绘制一个柱状图，清晰地展示法律数量和案件数量之间的关系，而且操作十分简单，可以用于各种线性的法律问题研究。

8. 用 Python 绘制一个法律案件中罚金或赔偿金额的正态分布图

```
# 导入NumPy和Matplotlib库
import numpy as np
import matplotlib.pyplot as plt
# 生成正态分布的罚金或赔偿金额数据
np.random.seed(0)# 设置随机种子，确保每次运行生成的随机数据相同
mean = 3000# 均值
std_dev = 500# 标准差
num_samples = 3000# 样本数量
compensation_amounts = np.random.normal(mean, std_dev, num_samples)# 生成正态分布的罚金或赔偿金额数据
# 绘制直方图
plt.hist(compensation_amounts,bins=30,density=True,alpha=0)#使用plt.hist函数绘制直方图，将alpha设置为0以删除蓝色柱形
# 计算正态分布曲线
xmin,xmax = plt.xlim()# 获取x轴的范围
x = np.linspace(xmin, xmax, 100)# 生成x轴上的一系列值
p = (1/(std_dev * np.sqrt(2 * np.pi))) * np.exp(-(x - mean)**2/(2 * std_dev**2))# 计算每个x值对应的正态分布概率密度值
# 绘制正态分布曲线
plt.plot(x,p,'k',linewidth=2)# 使用plt.plot函数绘制正态分布曲线，'k'表示曲线为黑色，linewidth=2指定曲线的宽度
# 添加x轴和y轴的标签以及图表的标题
plt.xlabel('Compensation Amount')# 添加x轴标签
plt.ylabel('Frequency')# 添加y轴标签
plt.title('Distribution of Compensation Amount in Legal Cases')# 添加图表标题
# 显示图表
plt.show()
```

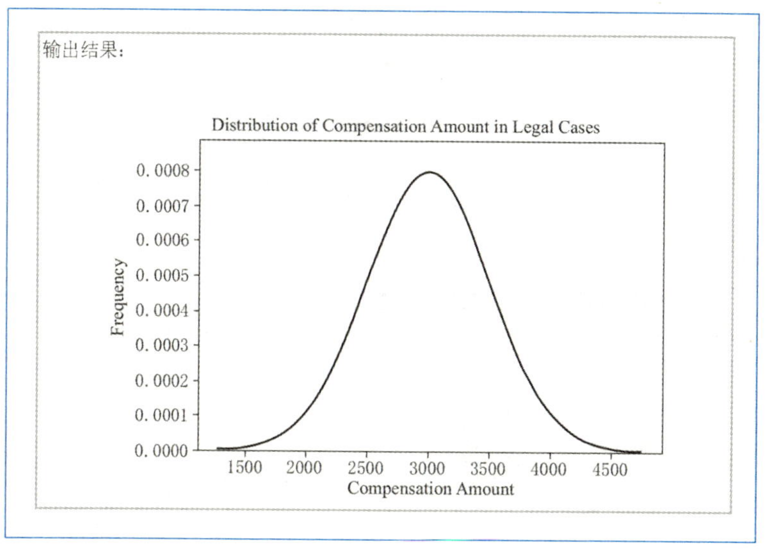

ChatGPT：这组代码可以用于生成法律案件中罚金或赔偿金额的正态分布图，其代码实现方法如下：

（1）导入了 NumPy 和 Matplotlib 库，这两个库用于生成数据和绘制图表。

（2）使用 NumPy 的 random. normal 函数生成正态分布的罚金或赔偿金额数据。这里使用了固定的种子值（np. random. seed（0）），以确保每次运行代码时生成的随机数据是相同的。

（3）使用 Matplotlib 的 hist 函数绘制直方图。参数 compensation_amounts 是待绘制的数据，bins 指定直方图的柱子数量，density = True 将频率转换为概率密度，alpha = 0 将直方图的柱子颜色透明度设置为 0，从而删除蓝色柱形。

（4）计算正态分布曲线。首先使用 plt. xlim( ) 获取 x 轴的范围，然后使用 np. linspace 生成 x 轴上的一系列值。接着，利用正态分布的概率密度函数计算每个 x 值对应的概率密度值。

（5）使用 plot 函数绘制正态分布曲线。参数'k'表示曲线为黑色，linewidth = 2 指定曲线的宽度。

（6）添加 x 轴和 y 轴的标签以及图表的标题，并使用 show 函数显示图表。

这样就生成了一个法律案件中罚金或赔偿金额的正态分布图。我们可以用 Python 绘制正态分布图做法律案件预测和量化分析。

9. 用 Python 做一个法律文本的词云图

```
# 须确定已安装了pillow
# 导入matplotlib.pyplot模块和WordCloud
import matplotlib.pyplot as plt
from wordcloud import WordCloud
# 定义文本内容
text = (
    "就在本书完稿，准备印刷出版之际，去年11月30日，"
    "美国科技公司OpenAI发布了一款机器人ChatGPT，顿时轰动了全世界。"
    "两个月的时间，用户超过了一亿，创造了历史。这款聊天机器人几乎达到了人类的智力水平，"
    "使我们第一次可以触摸到了强人工智能（AGI）的临界点。正如比尔·盖茨所说：“ChatGPT的出现就像"
    "当年的互联网和iPhone的出现一样”。它也许是我们脑力工作者的一次工业革命，有点像电和蒸汽机的发明一样。"
    "这项影响人类社会的颠覆性，正在给各行各业带来深刻的变革。"
)
# 创建WordCloud对象，设置字体路径、画布宽度、高度和背景颜色，并生成词云
wordcloud = WordCloud(
font_path = "C:/Windows/Fonts/simsun.ttc",width = 800,height = 400,
background_color = "white"
).generate(text)
# 显示生成的词云图像
plt.imshow(wordcloud, interpolation="bilinear")
```

```
plt.axis("off")# 关闭坐标轴
# 显示词云图
plt.show()
输出结果：
```

创造了历史　去年11月30日　AGI
准备印刷出版之际
就在本书完稿
美国科技公司OpenAI发布了一款机器人ChatGPT
两个月的时间　顿时轰动了全世界用户超过了一亿

ChatGPT：这组代码首先导入了 matplotlib. pyplot 模块和 WordCloud，然后定义了一段文本内容。接着，创建了一个 WordCloud 对象，设置了字体路径、画布宽度、高度和背景颜色，并生成了词云图像。最后，使用 plt. imshow( ) 函数显示生成的词云图像。

当我们使用 WordCloud 类创建词云对象时，我们需要指定一些参数来定制词云的外观和生成过程。在这个示例中，我们指定了以下参数：

（1）font_path：字体路径，用于指定词云中文字的字体。在这里，我们使用了宋体字体的路径。

（2）width 和 height：画布的宽度和高度，用于指定生成的词云图像的大小。

（3）background_color：背景颜色，用于指定词云图像的背景色。在这里，我们设置为白色背景。

（4）调用 generate( ) 方法生成词云图像，传入待处理的文本内容作为参数。生成过程会根据文本内容中词语的频率和位置等信息，绘制出词云图像。

（5）使用 plt. imshow( ) 函数显示生成的词云图像，并通过

plt. axis("off") 关闭了坐标轴，这样就不会显示坐标轴上的刻度和标签。

（6）调用 plt. show() 函数将生成的词云图像显示出来。

词云是一种可视化技术，通过对文本中词语的频率进行可视化展示，以形成视觉上的效果，从而直观地展示文本的关键词信息。词云通常用于以下几个方面：

（1）数据摘要和概览：词云可以帮助用户快速了解文本的主题、关键词和主要内容，从而快速概览文本内容的要点。

（2）可视化文本信息：通过词云，用户可以直观地看到文本中出现频率较高的关键词，以及它们之间的关系，有助于理解文本的重点和主题。

（3）发现关键主题：词云可以帮助用户发现文本中的关键主题和话题，从而更好地理解文本的内容和意义。

（4）可视化分析结果：在文本分析和数据挖掘中，词云也常用于可视化分析结果，帮助用户直观地理解分析结果中的关键词信息。

总的来说，词云作为一种简单直观的可视化工具，广泛应用于法律文本数据的可视化分析、信息概览和主题发现等领域。为用户提供了一种直观的方式来理解法律文本的内容和关键信息。

10. 用 Python 做一个爬虫程序抓取法律文本数据

```
# 导入模块
import requests
from bs4 import BeautifulSoup

# 目标URL
url = 'https://www.gov.cn/xinwen/2020-06/01/content_5516649.htm'

# 发送HTTP请求
response = requests.get(url)
```

```
# 检查响应状态
if response.status_code == 200:
    print("成功获取数据")
else:
    print(f"请求失败，状态码：{response.status_code}")

response.encoding = "utf-8"

# 解析HTML内容
soup = BeautifulSoup(response.text, 'html.parser')

start_tag = soup.find("span", string="第五编"+"\u3000"+"婚姻家庭")
end_tag = soup.find("span", string="第六编"+"\u3000"+"继承")

# 提取"第五编 婚姻家庭"和"第六编 继承"之间的所有<p>标签内容
content = []
for tag in start_tag.find_parent('p').find_next_siblings('p'):
    if tag == end_tag.find_parent('p'):
        break
    content.append(tag.get_text(strip=True))

# 输出提取的内容
for line in content:
    print(line)
```

输出结果：

成功获取数据

第五编 婚姻家庭

第一章 一般规定

第一千零四十条 本编调整因婚姻家庭产生的民事关系。

第一千零四十一条 婚姻家庭受国家保护。

实行婚姻自由、一夫一妻、男女平等的婚姻制度。保护妇女、未成年人、老年人、残疾人的合法权益。

第一千零四十二条，禁止包办、买卖婚姻和其他干涉婚姻自由的行为。禁止借婚姻索取财物。禁止重婚。禁止有配偶者与他人同居。禁止家庭暴力。禁止家庭成员间的虐待和遗弃。

用 Python 做爬虫是实战项目中最难的，因为网站会经常更新，所以可能会改变其 HTML 结构、URL 路径和数据格式等。这些变化会导致原有的爬虫程序无法正常工作，从而导致无法再找到所要抓取的数据。

我们可以用上述 Python 的爬虫代码示例，自动抓取互联网上的公开的数据做法律研究、案例分析等任务，节省人工抓取的时间。使用上述代码示例需要了解一些基本概念，比如，URL、HTML（网页）和 HTTP 等，以及爬虫程序的流程和方法。这些仅靠看书是不行的，只有通过不断实战练习才能理解，并在日后的工作和学习中使用。

ChatGPT：上述代码示例是通过如下步骤实现的：

(1) 导入必要的模块：

- requests：用于发送 HTTP 请求。
- BeautifulSoup：用于解析 HTML 内容。

(2) 定义目标 URL：

将目标网页的 URL 存储在一个变量中。

(3) 发送 HTTP 请求：

使用 requests. get（url）向目标 URL 发送 GET 请求。

(4) 检查 HTTP 响应状态：

- 检查 HTTP 响应状态码以确定请求是否成功。
- 如果状态码为 200，表示成功获取数据；否则，打印错误状态码。

(5) 设置响应的编码：

设置响应的编码为服务器端检测到的内容编码，确保解析时不会出现乱码。

(6) 解析 HTML 内容：

使用 BeautifulSoup 解析响应的 HTML 内容，创建一个 BeautifulSoup 对象。

(7) 找到包含特定文本的 HTML 标签：

使用 BeautifulSoup 的 find 方法找到包含“附则”的<p>标签。

(8) 定义要查找的具体文本：

定义需要查找的起始文本和结束文本，例如“第五编 婚姻家庭”和“第六编 继承”。

(9) 初始化变量以存储起始和结束标签：

初始化用于存储起始和结束标签的变量为 None。

(10) 查找特定文本的 HTML 标签：

- 如果找到包含“附则”的<p>标签，继续查找包含“第五编 婚姻家庭”的下一个<p>标签。
- 然后在找到的起始标签之后查找包含“第六编 继承”的下一个<p>标签。

(11) 初始化一个列表用于收集文本：

初始化一个空列表，用于存储从起始标签到结束标签之间的所有文本。

(12) 收集并输出文本：

- 如果找到起始和结束标签，遍历从起始标签到结束标签之间的所有<p>标签，收集它们的文本并添加到列表中。
- 将收集到的文本列表连接成一个字符串并输出。

通过这些步骤，代码能够从指定的网页中提取特定部分的内容并输出出来。这只是一个 Python 爬虫的简单示例，实际的爬虫程序会更加复杂，因为很多网站为了数据安全和网站正常运行，防止数据被爬虫程序抓取和影响网站运行都有反爬措施。最后必须指出的是，使用 Python 在互联网上抓取数据时必须合法合规，避免因侵权行为产生不必要的法律责任。

到此为止，我们已经完成了所有的法律实践项目的练习。通过这些实际的法律任务练习，大家不仅对 Python 语言有了更深入的理解，而且还掌握了不少 Python 的编程技能和 Python 第三方库的安装、导入和使用。在今后的人工智能学习和应用中，Python 都将是一个非常有用的工具，特别是在生成式人工智能的应用方面，Python 的作用必不可少。比如：在做 ChatGPT 的提示工程、微调时，我们会需要掌握 Python 基础知识，包括 Python 基础语法、数据结构、字符串处理、列表和字典，理解、编写简单的 Python 代码、第三方库的安装、导入和应用等。具备了这些知识才能更好地使用 OpenAI Python 库构建文本生成、问答、内容摘要等大模型的应用。随着生成式人工智能在法律领域的广泛应用，大家可以借助生成式人工智能事半功倍地学习 Python 这门人工智能语言，让 Python 赋能法律人，转变成复合型的法律人才。

附 录

附录部分包括 Python 思维导图、常用代码、课程表以及法律 AI 实验室课程设置。这些附录不仅可以帮助法律人更好地理解 Python 的基础、重要的知识点，也能用全视角的方式带领法律人体系化地构建 Python 的知识结构，并在学习和工作中用 Python 解决实际问题。

附录 1　Python 思维导图

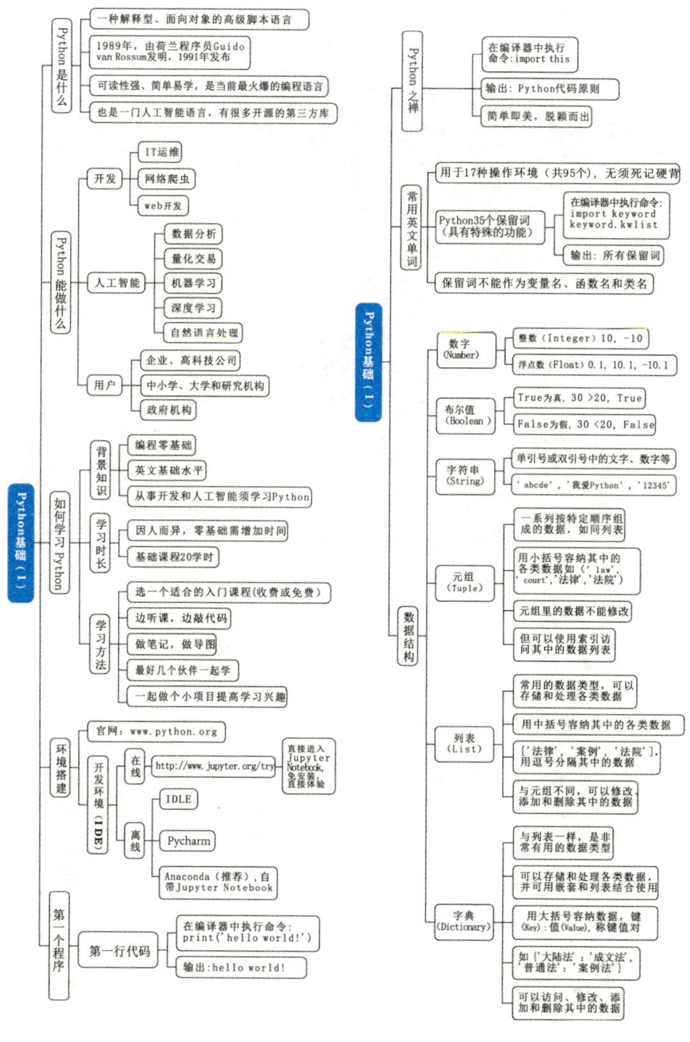

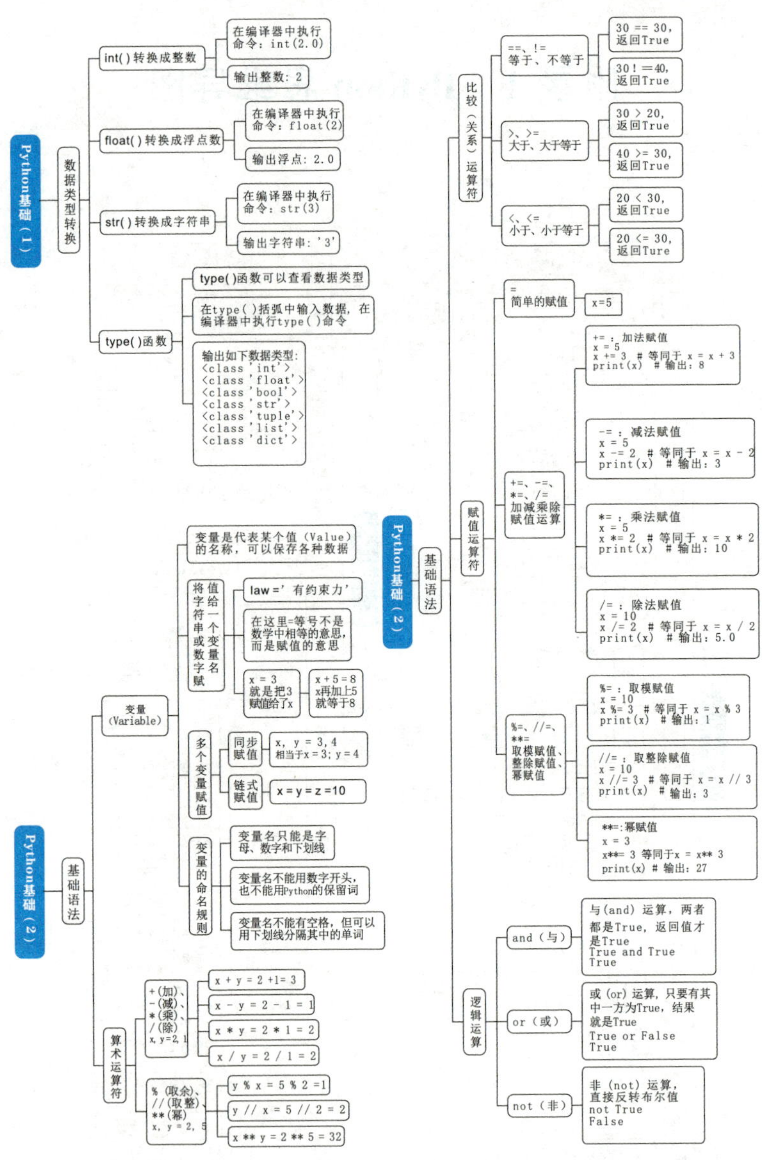
Python基础（1）
数据类型转换
int( ) 转换成整数
在编译器中执行命令：int(2.0)
输出整数：2
float( ) 转换成浮点数
在编译器中执行命令：float(2)
输出浮点：2.0
str( ) 转换成字符串
在编译器中执行命令：str(3)
输出字符串：'3'
type( )函数
type( )函数可以查看数据类型
在type( )括弧中输入数据，在编译器中执行type( )命令
输出如下数据类型：
<class 'int'>
<class 'float'>
<class 'bool'>
<class 'str'>
<class 'tuple'>
<class 'list'>
<class 'dict'>
Python基础（2）
基础语法
变量（Variable）
变量是代表某个值（Value）的名称，可以保存各种数据
将值给一个字符串或数字变量名赋
law =' 有约束力'
在这里=等号不是数学中相等的意思，而是赋值的意思
x = 3 就是把3赋值给了x
x + 5 = 8 x再加上5就等于8
多个变量赋值
同步赋值
x, y = 3, 4 相当于x = 3; y = 4
链式赋值
x = y = z =10
变量的命名规则
变量名只能是字母、数字和下划线
变量名不能用数字开头，也不能用Python的保留词
变量名不能有空格，但可以用下划线分隔其中的单词
算术运算符
+(加)、-(减)、*(乘)、/(除) x, y=2, 1
x + y = 2 +1= 3
x - y = 2 - 1 = 1
x * y = 2 * 1 = 2
x / y = 2 / 1 = 2
%(取余)、//(取整)、**(幂) x, y = 2, 5
y % x = 5 % 2 =1
y // x = 5 // 2 = 2
x ** y = 2 ** 5 = 32
Python基础（2）
基础语法
比较（关系）运算符
==、!= 等于、不等于
30 == 30，返回True
30 != 40，返回True
>、>= 大于、大于等于
30 > 20，返回True
40 >= 30，返回True
<、<= 小于、小于等于
20 < 30，返回True
20 <= 30，返回Ture
赋值运算符
= 简单的赋值
x=5
+=、-=、*=、/= 加减乘除赋值运算
+= ：加法赋值
x = 5
x += 3 # 等同于 x = x + 3
print(x) # 输出：8
-= ：减法赋值
x = 5
x -= 2 # 等同于 x = x - 2
print(x) # 输出：3
*= ：乘法赋值
x = 5
x *= 2 # 等同于 x = x * 2
print(x) # 输出：10
/= ：除法赋值
x = 10
x /= 2 # 等同于 x = x / 2
print(x) # 输出：5.0
%=、//=、**= 取模赋值、整除赋值、幂赋值
%= ：取模赋值
x = 10
x %= 3 # 等同于 x = x % 3
print(x) # 输出：1
//= ：取整除赋值
x = 10
x //= 3 # 等同于 x = x // 3
print(x) # 输出：3
**=:幂赋值
x = 3
x**= 3 等同于x = x** 3
print(x) # 输出：27
逻辑运算
and（与）
与(and) 运算，两者都是True，返回值才是True
True and True
True
or（或）
或 (or) 运算，只要有其中一方为True，结果就是True
True or False
True
not（非）
非 (not) 运算，直接反转布尔值
not True
False

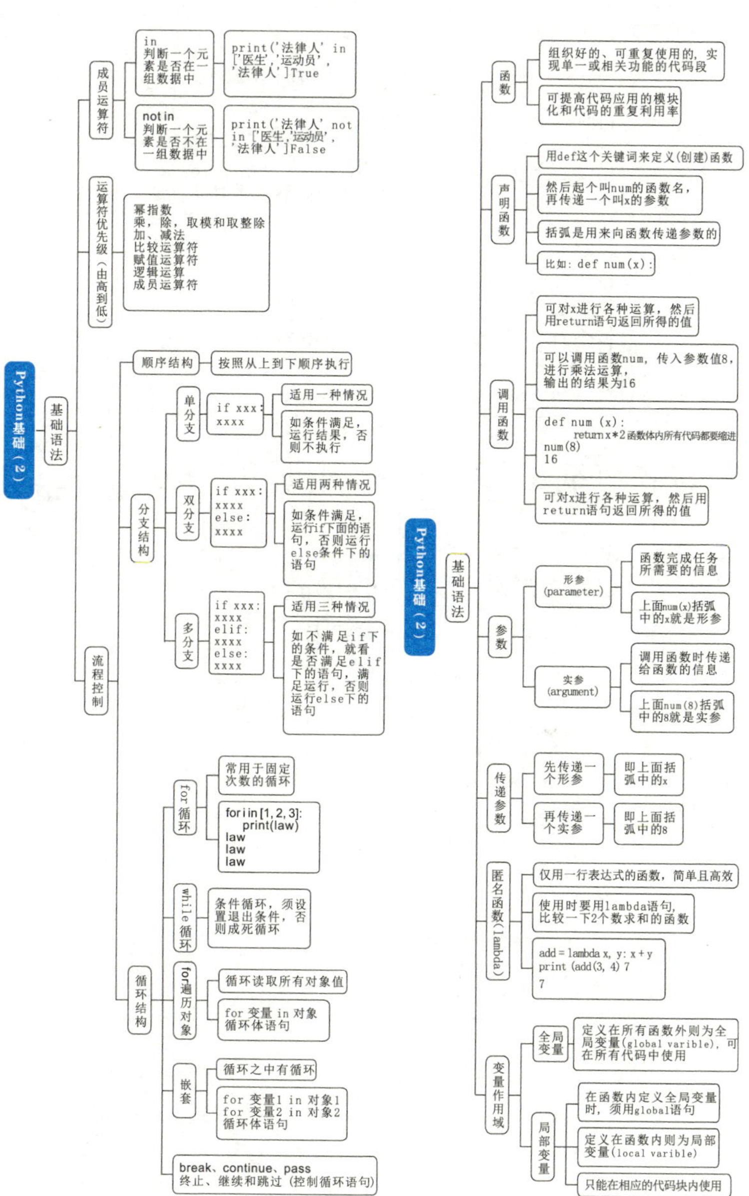
Python基础（2）
基础语法
成员运算符
in
判断一个元素是否在一组数据中
print('法律人' in ['医生','运动员','法律人']True
not in
判断一个元素是否不在一组数据中
print('法律人' not in ['医生','运动员','法律人']False
运算符优先级（由高到低）
幂指数
乘，除，取模和取整除
加、减法
比较运算符
赋值运算符
逻辑运算
成员运算符
流程控制
顺序结构
按照从上到下顺序执行
分支结构
单分支
if xxx:
xxxx
适用一种情况
如条件满足，运行结果，否则不执行
双分支
if xxx:
xxxx
else:
xxxx
适用两种情况
如条件满足，运行if下面的语句，否则运行else条件下的语句
多分支
if xxx:
xxxx
elif:
xxxx
else:
xxxx
适用三种情况
如不满足if下的条件，就看是否满足elif下的语句，满足运行，否则运行else下的语句
循环结构
for循环
常用于固定次数的循环
for i in [1, 2, 3]:
print(law)
law
law
law
while循环
条件循环，须设置退出条件，否则成死循环
for遍历对象
循环读取所有对象值
for 变量 in 对象
循环体语句
嵌套
循环之中有循环
for 变量1 in 对象1
for 变量2 in 对象2
循环体语句
break、continue、pass
终止、继续和跳过（控制循环语句）
Python基础（2）
基础语法
函数
组织好的、可重复使用的，实现单一或相关功能的代码段
可提高代码应用的模块化和代码的重复利用率
声明函数
用def这个关键词来定义(创建)函数
然后起个叫num的函数名，再传递一个叫x的参数
括弧是用来向函数传递参数的
比如：def num(x):
调用函数
可对x进行各种运算，然后用return语句返回所得的值
可以调用函数num，传入参数值8，进行乘法运算，输出的结果为16
def num (x):
return x*2 函数体内所有代码都要缩进
num(8)
16
可对x进行各种运算，然后用return语句返回所得的值
参数
形参(parameter)
函数完成任务所需要的信息
上面num(x)括弧中的x就是形参
实参(argument)
调用函数时传递给函数的信息
上面num(8)括弧中的8就是实参
传递参数
先传递一个形参
即上面括弧中的x
再传递一个实参
即上面括弧中的8
匿名函数(lambda)
仅用一行表达式的函数，简单且高效
使用时要用lambda语句，比较一下2个数求和的函数
add = lambda x, y: x + y
print (add(3, 4) 7
7
变量作用域
全局变量
定义在所有函数外则为全局变量(global varible)，可在所有代码中使用
局部变量
在函数内定义全局变量时，须用global语句
定义在函数内则为局部变量(local varible)
只能在相应的代码块内使用

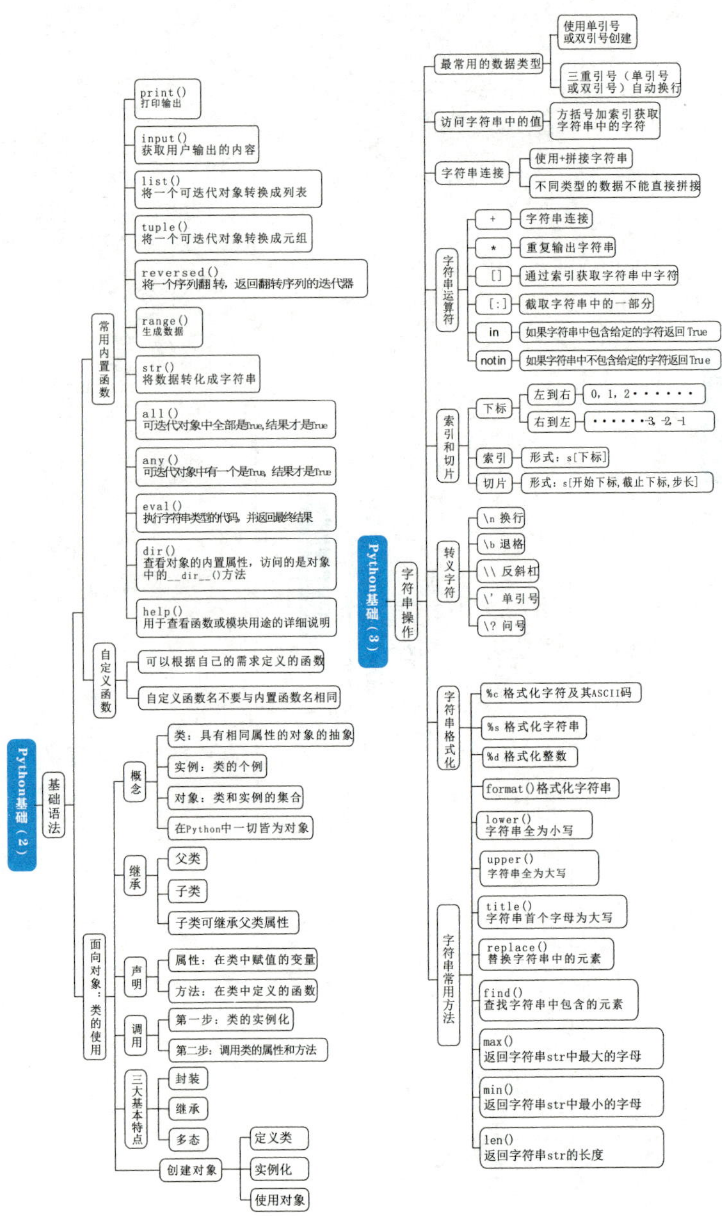

Python基础（2）
基础语法
常用内置函数
print() 打印输出
input() 获取用户输出的内容
list() 将一个可迭代对象转换成列表
tuple() 将一个可迭代对象转换成元组
reversed() 将一个序列翻转，返回翻转序列的迭代器
range() 生成数据
str() 将数据转化成字符串
all() 可迭代对象中全部是True，结果才是True
any() 可迭代对象中有一个是True，结果才是True
eval() 执行字符串类型的代码，并返回最终结果
dir() 查看对象的内置属性，访问的是对象中的__dir__()方法
help() 用于查看函数或模块用途的详细说明
自定义函数
可以根据自己的需求定义的函数
自定义函数名不要与内置函数名相同
面向对象：类的使用
概念
类：具有相同属性的对象的抽象
实例：类的个例
对象：类和实例的集合
在Python中一切皆为对象
继承
父类
子类
子类可继承父类属性
声明
属性：在类中赋值的变量
方法：在类中定义的函数
调用
第一步：类的实例化
第二步：调用类的属性和方法
三大基本特点
封装
继承
多态
创建对象
定义类
实例化
使用对象
Python基础（3）
字符串操作
最常用的数据类型
使用单引号或双引号创建
三重引号（单引号或双引号）自动换行
访问字符串中的值
方括号加索引获取字符串中的字符
字符串连接
使用+拼接字符串
不同类型的数据不能直接拼接
字符串运算符
+ 字符串连接
* 重复输出字符串
[] 通过索引获取字符串中字符
[:] 截取字符串中的一部分
in 如果字符串中包含给定的字符返回True
not in 如果字符串中不包含给定的字符返回True
索引和切片
下标
左到右 0，1，2······
右到左 ······-3，-2，-1
索引 形式：s[下标]
切片 形式：s[开始下标，截止下标，步长]
转义字符
\n 换行
\b 退格
\\ 反斜杠
\' 单引号
\? 问号
字符串格式化
%c 格式化字符及其ASCII码
%s 格式化字符串
%d 格式化整数
format()格式化字符串
字符串常用方法
lower() 字符串全为小写
upper() 字符串全为大写
title() 字符串首个字母为大写
replace() 替换字符串中的元素
find() 查找字符串中包含的元素
max() 返回字符串str中最大的字母
min() 返回字符串str中最小的字母
len() 返回字符串str的长度

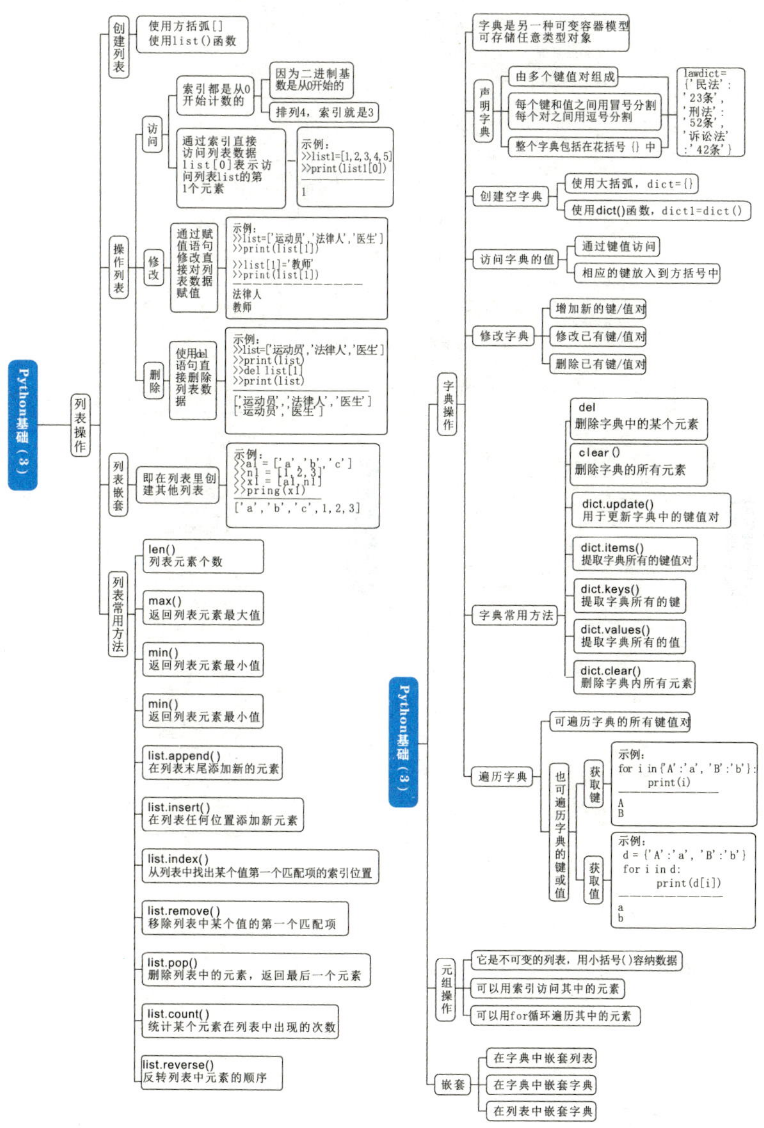
Python基础（3）
列表操作
创建列表
使用方括弧[]
使用list()函数
操作列表
访问
索引都是从0开始计数的
因为二进制基数是从0开始的
排列4，索引就是3
通过索引直接访问列表数据list[0]表示访问列表list的第1个元素
示例：
>>list1=[1,2,3,4,5]
>>print(list1[0])
1
修改
通过赋值语句修改直接对列表数据赋值
示例：
>>list=['运动员','法律人','医生']
>>print(list[1])
>>list[1]='教师'
>>print(list[1])
法律人
教师
删除
使用del语句直接删除列表数据
示例：
>>list=['运动员','法律人','医生']
>>print(list)
>>del list[1]
>>print(list)
['运动员','法律人','医生']
['运动员','医生']
列表嵌套
即在列表里创建其他列表
示例：
>>a1 = ['a','b','c']
>>n1 = [1,2,3]
>>x1 = [a1,n1]
>>pring(x1)
['a','b','c',1,2,3]
列表常用方法
len()
列表元素个数
max()
返回列表元素最大值
min()
返回列表元素最小值
min()
返回列表元素最小值
list.append()
在列表末尾添加新的元素
list.insert()
在列表任何位置添加新元素
list.index()
从列表中找出某个值第一个匹配项的索引位置
list.remove()
移除列表中某个值的第一个匹配项
list.pop()
删除列表中的元素，返回最后一个元素
list.count()
统计某个元素在列表中出现的次数
list.reverse()
反转列表中元素的顺序
Python基础（3）
字典操作
字典是另一种可变容器模型
可存储任意类型对象
声明字典
由多个键值对组成
每个键和值之间用冒号分割
每个对之间用逗号分割
整个字典包括在花括号{}中
lawdict={'民法':'23条','刑法':'52条','诉讼法':'42条'}
创建空字典
使用大括弧，dict={}
使用dict()函数，dict1=dict()
访问字典的值
通过键值访问
相应的键放入到方括号中
修改字典
增加新的键/值对
修改已有键/值对
删除已有键/值对
字典常用方法
del
删除字典中的某个元素
clear()
删除字典的所有元素
dict.update()
用于更新字典中的键值对
dict.items()
提取字典所有的键值对
dict.keys()
提取字典所有的键
dict.values()
提取字典所有的值
dict.clear()
删除字典内所有元素
遍历字典
可遍历字典的所有键值对
也可遍历字典的键或值
获取键
示例：
for i in{'A':'a','B':'b'}:
print(i)
A
B
获取值
示例：
d = {'A':'a','B':'b'}
for i in d:
print(d[i])
a
b
元组操作
它是不可变的列表，用小括号()容纳数据
可以用索引访问其中的元素
可以用for循环遍历其中的元素
嵌套
在字典中嵌套列表
在字典中嵌套字典
在列表中嵌套字典

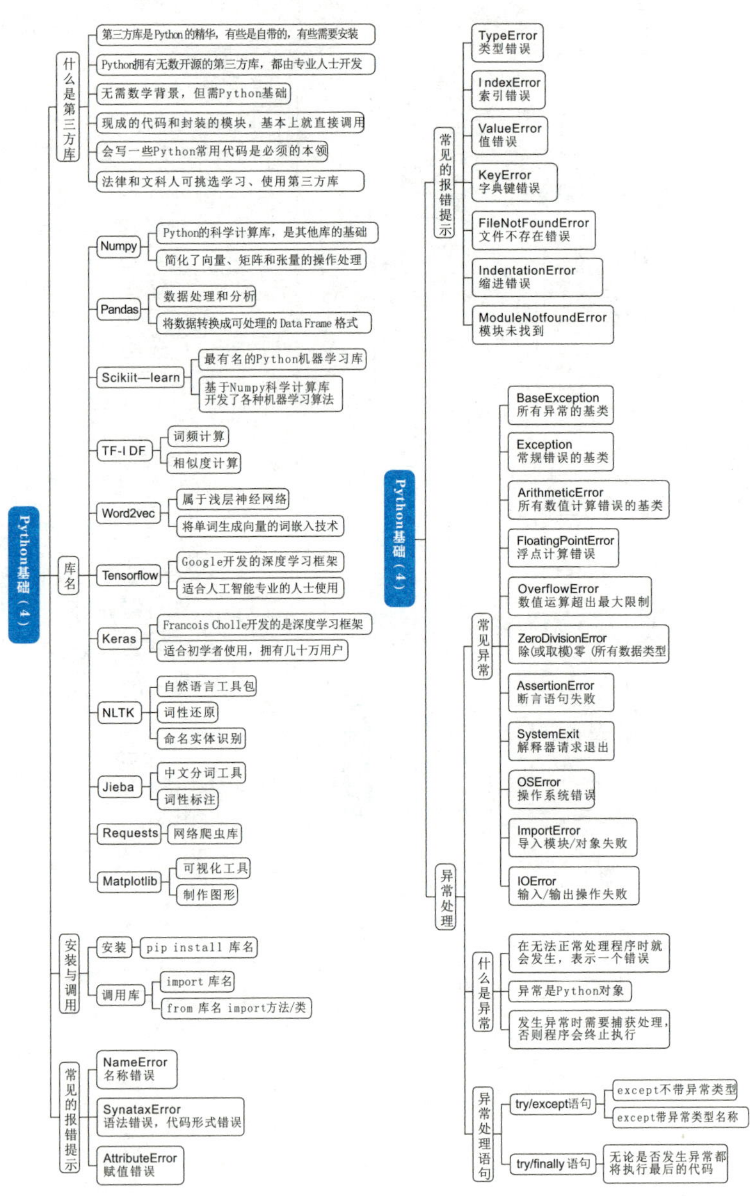
Python基础（4）
什么是第三方库
第三方库是Python的精华，有些是自带的，有些需要安装
Python拥有无数开源的第三方库，都由专业人士开发
无需数学背景，但需Python基础
现成的代码和封装的模块，基本上就直接调用
会写一些Python常用代码是必须的本领
法律和文科人可挑选学习、使用第三方库
库名
Numpy
Python的科学计算库，是其他库的基础
简化了向量、矩阵和张量的操作处理
Pandas
数据处理和分析
将数据转换成可处理的Data Frame 格式
Scikiit—learn
最有名的Python机器学习库
基于Numpy科学计算库
开发了各种机器学习算法
TF-I DF
词频计算
相似度计算
Word2vec
属于浅层神经网络
将单词生成向量的词嵌入技术
Tensorflow
Google开发的深度学习框架
适合人工智能专业的人士使用
Keras
Francois Cholle开发的是深度学习框架
适合初学者使用，拥有几十万用户
NLTK
自然语言工具包
词性还原
命名实体识别
Jieba
中文分词工具
词性标注
Requests
网络爬虫库
Matplotlib
可视化工具
制作图形
安装与调用
安装
pip install 库名
调用库
import 库名
from 库名 import方法/类
常见的报错提示
NameError
名称错误
SynataxError
语法错误，代码形式错误
AttributeError
赋值错误
Python基础（4）
常见的报错提示
TypeError
类型错误
I ndexError
索引错误
ValueError
值错误
KeyError
字典键错误
FileNotFoundError
文件不存在错误
IndentationError
缩进错误
ModuleNotfoundError
模块未找到
异常处理
常见异常
BaseException
所有异常的基类
Exception
常规错误的基类
ArithmeticError
所有数值计算错误的基类
FloatingPointError
浮点计算错误
OverflowError
数值运算超出最大限制
ZeroDivisionError
除(或取模)零 (所有数据类型
AssertionError
断言语句失败
SystemExit
解释器请求退出
OSError
操作系统错误
ImportError
导入模块/对象失败
IOError
输入/输出操作失败
什么是异常
在无法正常处理程序时就
会发生，表示一个错误
异常是Python对象
发生异常时需要捕获处理，
否则程序会终止执行
异常处理语句
try/except语句
except不带异常类型
except带异常类型名称
try/finally 语句
无论是否发生异常都
将执行最后的代码

附录 2　Python 常用代码

1. # 第一条代码，输出字符串

```
print('hello world!')
print("你好！ Python！ ")
```

```
hello world!
你好！ Python!
```

2. # Python 之禅

```
import this
```

```
The Zen of Python, by Tim Peters

Beautiful is better than ugly.
Explicit is better than implicit.
Simple is better than complex.
Complex is better than complicated.
Flat is better than nested.
Sparse is better than dense.
Readability counts.
Special cases aren't special enough to break the rules.
Although practicality beats purity.
Errors should never pass silently.
Unless explicitly silenced.
In the face of ambiguity, refuse the temptation to guess.
There should be one-- and preferably only one --obvious way to do it.
Although that way may not be obvious at first unless you're Dutch.
Now is better than never.
Although never is often better than *right* now.
If the implementation is hard to explain, it's a bad idea.
If the implementation is easy to explain, it may be a good idea.
Namespaces are one honking great idea -- let's do more of those!
```

3. # 制作圣诞树

```
#声明树的高度
height = 5
#树的雪花数，初始为1
stars = 1
#以树的高度作为循环次数
for i in range(height):
    print((' ' * (height - i)) + ('*' * stars))
    stars += 2
#输出树干
print((' ' * height) + '|')
```

```
    *
   ***
  *****
 *******
*********
    |
```

4. # id 返回变量地址，注意都是小写，结果随机

```
a = 1
id(a)
```

```
2323409692976
```

5. # 返回整数类型

```
print(type (100))
```

```
<class 'int'>
```

6. # 返回浮点类型

```
print(type(0.1))
```

```
<class 'float'>
```

7. # 返回布尔值类型

```
print(type(3<4))
```

```
<class 'bool'>
```

8. # 返回字符串类型

```
print(type('法律人'))
<class 'str'>
```

9. # 返回列表类型

```
print(type(['法律人,学 Python']))
<class 'list'>
```

10. # 返回元组类型

```
print(type(('法律','法院')))
<class 'tuple'>
```

11. # 返回字典类型

```
print(type({'大陆法': '成文法'}))
<class 'dict'>
```

12. # 整数类型转为浮点类型

```
float(10)
10.0
```

13. # 浮点类型转为整数类型

```
int(1.0)
1
```

14. # 整数类型转为字符串类型

```
str(10)
```

```
'10'
```

15. # 提取关键字

```
import keyword
keyword.kwlist
```

```
['False',
'None',
'True',
'and',
'as',
'assert',
'async',
'await',
'break',
'class',
'continue',
'def',
'del',
'elif',
'else',
'except',
'finally',
'for',
'from',
'global',
'if',
'import',
'in',
'is',
'lambda',
'nonlocal',
'not',
'or',
'pass',
'raise',
'return',
'try',
'while',
'with',
'yield']
```

16. # 加法

```
10 + 5
```

15

17. # 减法

```
10 - 5
```

5

18. # 乘法

```
10 * 2
```

20

19. # 除法

```
10 / 2
```

5.0

20. # 幂

```
10 ** 3
```

1000

21. # 取模

```
10 % 3
```

1

22. # 数值比较（大于等于），满足时返回 True

```
5.0 >= 3.0
```

True

23. # 数值比较（小于等于），不满足时返回 False

```
3.0 <= 2.0
```

False

24. # 相等运算，两边的值相等时返回 True

```
4 == 4
```

True

25. # 不等运算，判断两个值是否不等

```
3 != 4
```

True

26. # 与运算，表达式的值都为真则为真

```
True and True
```

True

27. # 或运算，表达式的值有一个为真则为真

```
True or False
```

True

28. # 非运算，表达式的对立结果

```
not False
```

```
True
```

29. # 用 in 判断一个元素（律师）在数组中存在

```
print('律师' in ['医生', '律师', '工程师','老师'])
```

```
True
```

30. # 用 not in 判断一个元素（律师）在数组中不存在

```
print('律师' not in ['医生', '律师', '工程师','老师'])
```

```
False
```

31. # 布尔值加减法运算（True 和 False 在程序中为整数 1 和 0）

```
x = 100
print(x + True)
print(x - True)
print(x + False)
print(x - False)
```

```
101
99
100
100
```

32. # 布尔值乘法运算（True 和 False 在程序中为整数 1 和 0）

```
x = 100
print(x * True)
print(x * False)
```

```
100
0
```

33. # 布尔值除法运算（True 和 False 在程序中为整数 1 和 0）

```
x = 100
print(x / True)
# 0不能作为除数所以报错
print(x / False)
```

```
100.0
  Traceback (most recent call last):
    File "c:\Users\ASUA\Desktop\from PyPDF2 import PdfReader,
   PdfWriter.py", line 5, in <module>
      print(x / False)
            ~~ ~~~~~~
  ZeroDivisionError: division by zero
```

34. # 布尔值取模运算（True 和 False 在程序中为整数 1 和 0）

```
x = 100
print(x % True)
```

```
0
```

35. # 布尔值幂算（True 和 False 在程序中为整数 1 和 0）

```
x = 100
print(x ** True)
print(x ** False)
```

```
100
1
```

36. # 一行代码创建连续数字列表

```
list(range(1,5))
```

```
[1, 2, 3, 4]
```

37. # 一行代码求解高斯之和

```
sum (range(0,101))
```

```
5050
```

38. # 定义变量并赋值

```
x = 100
print(x)
y = 150
print(y)
```

```
100
150
```

39. # 变量赋值

```
# 定义变量并赋值5
x = 5
# 定义变量并赋值4
y = 4
# 定义变量并进行运算
c = x + y
print(c)
```

```
9
```

40. # 交换变量值

```
a, b = 5, 10
print(a, b)
a, b = b, a
print(a, b)
```

```
5 10
10 5
```

41. # 中文字符串赋值变量并输出

```
contract = '具有约束力的法律文件'
print(contract)
```

```
具有约束力的法律文件
```

42. # 变量名不能有空格，但可以用下划线

```
contract_law = '合同须遵守的法律'
print(contract_law)
```

```
合同须遵守的法律
```

43. # if 判断语句，单向选择

```
# 定义变量
age = 19
# 如果变量大于等于18则输出
if age> = 18:
   print('你是成年人')
```

```
你是成年人
```

44. # if-else 判断语句，多向选择

```
# 定义变量
age = 17
# 如果变量大于等于18
if age >= 18:
    # 则输出
    print('你是成年人')
else:
    # 否则输出else的命令
    print('你是未成年人')
```

你是未成年人

45. # if-elif-else 判断语句，多向选择

```
#定义变量
age = 12
if age < 4:
  print('你的门票是 0')
elif age <18:
  print('你的门票是 25 元')
else:
#都不满足则输出
  print('你的门票是 40 元')
```

你的门票是 25 元

46. # 用 if-else 语句做一个刑事案件的示例

```
is_guilty = False
has_alibi = True
if is_guilty:
    if has_alibi:
        print("您有证据证明您不在犯罪现场，可以辩护您的清白。")
    else:
        print("对不起，您被认定有罪。将根据法律进行相应制裁。")
else:
    print("恭喜您，您被宣告无罪。")
```

恭喜你，你被宣告无罪。

47. # 单线 for 循环，指定循环次数

```
#循环列表的个数 5 次
    for i in [1, 2, 3, 4, 5]:
        print('法律')
```

法律
法律
法律
法律
法律

48. # while 语句（条件循环）

```
# 定义变量
x = 1
# 只要是 x 小于等于 5，则继续打印
while x <= 5:
    print(x)
# 为避免无限循环，用下面的代码给 x 递增 1
    x += 1
```

1
2
3
4
5

49. # break 语句结束整个循环

```
x = 1
while x < 5:
    if x == 3:
        break
    print(x)
    x += 1
```

1
2

50. # continue 语句跳过本次循环，从下一个循环继续执行

```
    x = 0
    while x < 5:
# 防止无限循环
        x += 1
# 如果等于3，跳过3 继续
        if x == 3:
            continue
        print(x)
```

1
2
4
5

51. # 全局变量，定义在函数体的外部

```
    def func1():
        global g_x
        print ('函数 1 的全局变量: ', g_x)
    #如要修改全局变量，需要用 global
    def func2():
        global g_x
        print ('函数 2 的全局变量: ', g_x)
        g_x = 20
    print ('被修改的全局变量: ', g_x)
g_x = 50
func2()
func1()
```

函数 1 的全局变量：20
函数 2 的全局变量：50
被修改的全局变量：20

52. # Lambda 是一种匿名函数，接受任意数量的参数，但只能有一个表达式，省略了 def 定义函数

```
#定义一个lambda表达式，计算两个参数x和b之和
num = lambda, x, y: x + y
#调用定义的lambda表达式，传入1和8作为实参，之和为9
num(1, 8)
```

9

53. # 用关键字 def 声明函数，greet_ user( ) 是函数名

```
def greet_user():
    # 缩进的是函数体
    print('how are you?')
# 调用函数 greet_user()
greet_user()
```

how are you?

54. # 传递参数给函数

```
def greet_user(username):
    print(f'how are you? {username.upper()}!')
greet_user('john')
```

how are you? JOHN!

55. # 函数返回结果需要用关键字 return 实现

```
def num(x):
    return x * 2
num(8)
```

16

56. # 定义了两个参数，自动对应

```
def num(a, b):
    return a + b
num(1, 2)
```

3

57. # 用内置函数 input( )函数获取输入的信息，返回值为字符串

```
User_input = input ('请输入您的姓名: ')
```

请输入您的姓名:

58. # 函数中 print( )和 return 的区别

```
# 定义一个名为x的函数，它接受一个参数num
def x (num):
    print(num)  # 打印传入的数字到控制台
    return(num)  # 将传入的数字作为函数的返回值

# 调用x函数，传入参数 5,并将函数的返回值赋给变量result
result = x (5)

# 打印字符串"返回值:"和result变量的值
print("返回值:", result)
```

5
返回值: 5

59. # 用内置函数 sum( )求和

```
print(sum([1, 2, 3, 4, 5, 6, 7, 8, 9, 10]))
```

55

60. # 用内置函数 min( )求最小值

```
print(min(5, 3, 9, 12, 7, 1))
```

1

61. # 用内置函数 max( )求最大值

```
print(max(7, 3, 18, 4, 15, 2))
```

```
18
```

62. # 用内置函数 range( )生成数据

```
# 因为二进制的原因，计算机都是从 0 开始计数的
for i in range(0,5):
    print(i)
```

```
0
1
2
3
4
```

63. # 用内置函数 len( )计算列表的长度，注意英文和中文的区别

```
print(len('法学院可以用 Python 教法律课程。'))
```

```
18
```

64. # 用内置函数 format( )格式化字符串

```
# 用内置函数 format() 格式化字符串
# 设置指定位置
str1 = "{1} {0} {1}"
print(str1.format("hello", "world"))
str2 = "律师：{name}；  法院：{court}"
print(str2.format(name = "王小明", court = "北京一中院"))
```

```
world hello world
律师：王小明；法院：北京一中院
```

65. # 用内置函数 zip( ) 函数对多个序列并行迭代

```
names = ("李某", "王某", "陈某", "张某")
ages = (30,35,40,45)
status = ( "原告", "被告", "律师", "法官")
for name,age,status in zip(names,ages,status):
  print('{0}—{1}—{2}'.format(name,age,status))
```

```
李某—30—原告
王某—35—被告
陈某—40—律师
张某—45—法官
```

66. # 声明一个叫 Lawyer 的类，第一个字母大写

```
class Lawyer:
  def __init__(self, name, score):
  self.name = name
  self.score = score
  def my_score(self):
      print(self.name,'法律人在哪里?',self.score)
lawyer1 = Lawyer('律师',80)
lawyer1.my_score()
lawyer2 = Lawyer('律师',100)
lawyer2.my_score()
```

```
律师 法律人在哪里? 80
律师 法律人在哪里? 100
```

67. # 定义类，调用属性

```
class Person:
  def __init__(self, name, age):
    self.name = name
    self.age = age
p1 = Person("Bill", 63)
print(p1.name)
print(p1.age)
```

```
Bill
63
```

68. # 定义类，调用属性和方法

```
class Dog:
    def __init__(self,name,age):
        self.name = name
        self.age = age
    def sit(self):
        print(f"{self.name} s now sitting.")
    def roll_over(self):
        print(f"{self.name} rolled over!")

my_dog = Dog('Willie', 6)
print(f"My dog's name is {my_dog.name}.")
print(f"My dog is {my_dog.age} years old.")
my_dog.sit()
my_dog.roll_over()
print("=============================================")
your_dog = Dog('Mike',10)
print(f"Your dog's name is {your_dog.name}.")
print(f"Your dog is {your_dog.age} years old.")
your_dog.sit()
your_dog.roll_over()
```

```
My dog's name is Willie.
My dog is 6 years old.
Willie s now sitting.
Willie rolled over!
=============================================
Your dog's name is Mike.
Your dog is 10 years old.
Mike s now sitting.
Mike rolled over!
```

69. # 字符串拼接，两边均应为字符串

```
print('法律'+ '机器人'+'Python')
```

```
法律机器人 Python
```

70. # 修改字符串大小写的三种方法

```
string = 'Legal rights'
# title()将字符串中每个单词的首字母都改成大写
print(string. title())
# upper()将字符串中的所有单词全部改为大写
print(string. upper())
# lowe()将字符串中所有单词全部改为小写
print(string. lower())
```

```
Legal Rights
LEGAL RIGHTS
legal rights
```

71. # 用 strip( )删除字符串两边的空白

```
legal_system = '  宪法精神  '
legal_system.strip()
```

```
'宪法精神'
```

72. # 用 rstrip( )删除字符串末尾的空白

```
legal_system = 'contract    '
legal_system.rstrip()
```

```
'contract'
```

73. # 用 lstrip( )删除字符串开头的空白

```
legal_system = '  契约精神'
legal_system.lstrip()
```

```
'契约精神'
```

74. # 用 replace( ) 替换字符串中的一个元素

```
a = 'corporate law'
print(a.replace('corporate','公司'))
```

```
公司 law
```

75. # 用 split( ) 分隔字符串，再存储到列表中

```
str1 = 'to be or not to be'
str1.split()
```

```
['to', 'be', 'or', 'not', 'to', 'be']
```

76. # 用 count( ) 统计字符串中单个字符出现的次数

```
'corporation'.count('o')
```

```
3
```

77. # 从字符串中提取字符

```
str = '民法典是一部有关民商事的法典。'
print(str[0])
print(str[1])
print(str[-1])
```

```
民
法
。
```

78. # 在两个单词之间添加引号做空格

```
a = 'hello'
b = 'world'
c = a + ' '+ b
print(c)
```

hello world

79. # 字符串反转

```
'contract'[::-1]
```

'tcartnoc'

80. # 字符串乘法

```
print('law'* 5)
```

lawlawlawlawlaw

81. # 用 f-string 格式化字符串

```
name = "李明"
age = 30
occupation = "Python律师"
message = f"My name is {name}, I am {age} years old, and I work
as a {occupation}."
print(message)
```

My name is 李明, I am 30 years old, and I work as a Python律师.

82. # 用%s 字符串占位符做格式化

```
name = 'Alice'
message = 'Hello, %s!' % name
print(message)
```

```
Hello, Alice!
```

83. # 用%d 整数占位符做格式化

```
age = 25
message = 'You are %d years old.' % age
print(message)
```

```
You are 25 years old.
```

84. # 用%.2f 保留小数点后两位浮点数占位符做格式化

```
height = 1.75
message = 'Your height is %.2f meters.' % height
print(message)
```

```
Your height is 1.75 meters.
```

85. # 用转义字符"\"反斜杠把多行元素即数字连接起来

```
a = [10, 20, 30,\
     40, 50, 60,\
     70, 80, 90]
print(a)
```

```
[10, 20, 30, 40, 50, 60, 70, 80, 90]
```

86. # 用转义字符“\”反斜杠把多行元素即字符串连接起来

```
a = ['这是一个非常复杂的案件'\
     '包括很多当事人'\
     '和很多法律文件'\
    ]
print(a)
```

['这是一个非常复杂的案件包括很多当事人和很多法律文件']

87. # 用\n 在字符串中添加换行符

```
print('法律:\n 宪法\n 民法\n 刑法\n 诉讼法\n 商法\n 经济法')
```

法律:
宪法
民法
刑法
诉讼法
商法
经济法

88. # 用\t 在字符串中添加制表符

```
print('法律:\t 宪法\t 民法\t 刑法\t 诉讼法\t 商法\t 经济法')
```

法律:	宪法	民法	刑法	诉讼法	商法	经济法

89. # 用 append( )在列表的末尾添加一个元素

```
#创建列表，也可以是空列表
law = ['法院','法官']
#尾部添加
law. append('律师')
print(law)
```

['法院', '法官', '律师']

90. # 用 extend( ) 对列表末尾添加多个元素

```
law = ['国际公法','国际私法']
law.extend(['国际贸易法','国际投资法'])
print(law)
```

```
['国际公法', '国际私法', '国际贸易法', '国际投资法']
```

91. # 用内置函数 insert( ) 在列表中某个位置插入元素

```
law = ['国际公法', '国际私法', '国际贸易法', '国际投资法']
law.insert (1, '国际经济法')
print(law)
```

```
['国际公法', '国际经济法', '国际私法', '国际贸易法', '国际投资法']
```

92. # 用 remove( ) 删除列表中任意一个元素

```
law = ['statutes', 'regulations', 'cases', 'courts']
law .remove('cases')
print(law)
```

```
['statutes', 'regulations', 'courts']
```

93. # 用 del 可以利用索引删除列表中的元素

```
law = ['违约','违约方','违约责任','违约金']
# 这里删除了第 3 个元素(索引为 2)，也就是违约责任
del law[2]
print(law)
```

```
['违约', '违约方', '违约金']
```

94. # 用 index( ) 获取元素的索引位置，不存在则报错

```
string = 'abcd'
print(string.index('a'))
print(string. index('b'))
print(string.index('c'))
```

```
0
1
2
```

95. # 用 pop( ) 删除列表元素

```
law = ['违约','违约方','违约责任','违约金']
print(law)
# 删除并返回最后一个元素
lastLaw = law.pop()
print(lastLaw)
# 删除并返回列表索引为 1 的元素
anyLaw = law.pop(1)
print(anyLaw)
```

```
['违约', '违约方', '违约责任', '违约金']
违约金
违约方
```

96. # 用内置函数 sort( ) 排序列表元素

```
law = ['litigation','arbitration','contract','nation']
law.sort()
print(law)
# 加上参数可反向排列
law.sort(reverse=True)
print(law)
```

```
['arbitration', 'contract', 'litigation', 'nation']
['nation', 'litigation', 'contract', 'arbitration']
```

97. # 用内置函数 len( ) 返回列表长度

```
law = ['宪法','行政法','民法','刑法','经济法']
len(law)
```

```
5
```

98. # 找出列表中出现次数最多的元素

```
list1 = [1, 2, 2, 2, 3, 4, 5, 6, 6]
max(list1, key = list1.count)
```

```
2
```

99. # 查找列表中最长的字符串

```
list1 = ['law', 'corporation', 'international']
# key 参数指定函数
max(list1, key = len)
```

'international'

100. # 把列表中的字符串变成数值

```
list(map(int,['10', '90', '60']))
```

[10, 90, 60]

101. # 用函数 join( )将列表中字符串进行拼接

```
list1= ["合同","价款","支付"]
string1 = "!! ".join(list1)
print(string1)
```

合同!! 价款!! 支付

102. # 列表反转

```
list1 = [1, 2, 3, 4, 5, 6, 7]
list1 [::-1]
```

[7, 6, 5, 4, 3, 2, 1]

103. # 用索引访问列表元素

```
law = ['宪法','行政法', '刑法', '民法','商法', '经济法']
print(law[0])
print(law[1])
```

宪法
行政法

104. # find( )与 index( )的功能类似，区别是如果元素不存在则是返回-1

```
string = 'abcdef'
print(string.find('a'))
print(string.find('z'))
```

```
0
-1
```

105. # 用内置函数 list( )，将一个可迭代对象从元组转化为列表

```
print(list(('法律','法院','法官','律师','法学院')))
```

```
['法律', '法院', '法官', '律师', '法学院']
```

106. # 用内置函数 tuple( )，将一个可迭代对象从列表转化为元组

```
print(tuple(['法律','法院','法官','律师','法学院']))
```

```
('法律', '法院', '法官', '律师', '法学院')
```

107. # 用内置函数 reverse( )，将一个列表的元素倒序排列表

```
law = ['lawful', 'lawyer', 'legal', 'legally']
law .reverse()
print(law)
```

```
['legally', 'legal', 'lawyer', 'lawful']
```

108. # 用内置函数 set( )删除列表中重复的元素

```
num = [1, 2, 3, 3, 3, 4, 4, 5, 5, 5, 6, 6, 6, 7, 7]
print(num)
print(list(set(num)))
```

```
[1, 2, 3, 3, 3, 4, 4, 5, 5, 5, 6, 6, 6, 7, 7]
[1, 2, 3, 4, 5, 6, 7]
```

109. # 用内置函数 slice( )列表切片处理

```
list1 = [1, 2, 3, 4, 5, 6, 7]
# 从元素 2 开始, 5 为止,3 个元素
print(list1[2:5])
# 内置函数完成功能
s = slice(2,5)
print(list1[s])
```

```
[3, 4, 5]
[3, 4, 5]
```

110. # 创建字典

```
# 创建一个空字典
dict1 = dict()
print(dict1)
# 创建非空字典
dict2 = dict({'英美法': '案例法','大陆法': '成文法'})
print(dict2)
```

```
{}
{'英美法': '案例法', '大陆法': '成文法'}
```

111. # 合并字典

```
d1 = {'原告 1':'姓名','年龄': 25}
d2 = {'被告 1':'姓名','年龄': 28}
d1.update(d2)
d1
```

```
{'原告 1': '姓名', '年龄': 28, '被告 1': '姓名'}
```

112. # 创建字典并添加元素

```
# 创建一个空字典
phoneNumbers = { }
# 添加一个键值对
phoneNumbers['张老师'] = '345-124'
print(phoneNumbers)
# 继续添加三个键值对
phoneNumbers['李教授'] = '456-235'
phoneNumbers['王律师'] = '567-346'
phoneNumbers['陈法官'] = '678-457'
print(phoneNumbers)
```

```
{'张老师': '345-124'}
{'张老师': '345-124', '李教授': '456-235', '王律师': '567-346', '陈法官': '678-457'}
```

113. # 从上面字典找到键对应的值

```
print(phoneNumbers['李教授'])
# 用 keys()找出字典中的所有元素的键
print(phoneNumbers.keys())
# 用 values()找出字典中所有元素的值
print(phoneNumbers.values())
```

```
456-235
dict_keys(['张老师', '李教授', '王律师', '陈法官'])
dict_values(['345-124', '456-235', '567-346', '678-457'])
```

114. # 用内置函数 list( )返回数据

```
# list 函数返回字典中所有元素的键列表
print(list(phoneNumbers.keys()))
# list 函数返回字典中所有元素的值列表
list(phoneNumbers.values())
```

```
['张老师', '李教授', '王律师', '陈法官']
['345-124', '456-235', '567-346', '678-457']
```

115. # 用 del 删除字典中某个元素

```
del phoneNumbers['陈法官']
print(phoneNumbers)
```

```
{'张老师': '345-124', '李教授': '456-235', '王律师': '567-346'}
```

116. # 用 clear( ) 删除字典中所有元素（清空字典）

```
phoneNumbers.clear()
print(phoneNumbers)
```

```
{}
```

117. # 创建一个元组，用索引访问元组的元素

```
tuplelaw = ('宪法','刑法','民法')
print(tuplelaw)
print(tuplelaw[1])
```

```
('宪法', '刑法', '民法')
刑法
```

118. # for 循环遍历元组，依次打印元组中的字符串

```
tuplelaw = ('宪法','刑法','民法')
for x in tuplelaw:
    print(x)
```

```
宪法
刑法
民法
```

119. # 合并两个元组

```
tuplelaw1 = ('宪法','刑法','民法')
tuplelaw2 = ('公司法','经济法')
tuplelaw3 = tuplelaw1 + tuplelaw2
print(tuplelaw3)
```

```
('宪法', '刑法', '民法', '公司法', '经济法')
```

120. # 生成连续数值列表

```
list(range(9))
```

[0, 1, 2, 3, 4, 5, 6, 7, 8]

121. # for 循环获取 range 数据

```
for i in range(1, 5):
    print(i,'times 8 =',i * 8)
```

1 times 8 = 8
2 times 8 = 16
3 times 8 = 24
4 times 8 = 32

122. # for 循环遍历字符串，依次打印字符串中的字符串

```
for i in '民法典':
    print(i)
```

民
法
典

123. # for 循环遍历列表，依次打印列表中的字符串

```
for i in ['原告','被告','律师']:
    print(i)
```

原告
被告
律师

124. # for 循环遍历字典中的键

```
for i in {'原告': '张某', '被告': '李某', '律师': '王某'}:
    print(i)
```

```
原告
被告
律师
```

125. # for 循环遍历字典中的值

```
for value in {'原告': '张某', '被告':'李某', '律师': '王某'}. values( ):
    print(value)
```

```
张某
李某
王某
```

126. # 求整数序列求和

```
#输入一个整数，回车得到从 1 到该整数的和值
n = input("请输入整数 N:")
sum = 0
for i in range(int(n)):
    sum += i+1
  print("1 到 N 求和结果：",sum)
```

```
请输入整数 N：2
1 到 N 求和结果： 3
```

127. # 列表中嵌套列表

```
matrix = [[1, 2, 3], [4, 5, 6], [7, 8, 9]]
print(matrix)
```

```
[[1, 2, 3],[4, 5, 6],[7, 8, 9]]
```

128. # 字典中嵌套字典

```
person = {
    'name': 'Alice',
    'age': 25,
    'address': {
        'city': 'New York',
        'street': '123 Main St'
    }
}
print(person)
```

{'name': 'Alice', 'age':25, 'address': {'city': 'New York', 'address': '123 Main St'}}

129. # 列表中嵌套字典

```
students = [
    {'name': 'Alice', 'age': 18},
    {'name': 'Bob', 'age': 20},
    {'name': 'Charlie', 'age': 22}
]
print(students)
```

[{'name': 'Alice', 'age':18}, {'name': 'Bob', 'age': 20}, {'name': 'Chaelie', 'age': 22}]

130. # 字典中嵌套列表

```
grades = {
    'English': [85, 92, 88],
    'Math': [95, 90, 87],
    'Science': [78, 85, 90]
}
print(grades)
```

{'Eglish': [85, 92, 88], 'Math': [95, 90, 87], 'Science': [78, 85, 90]}

131. # 判断闰年

```
year = int(input("输入一个年份："))
if (year % 4) == 0:
    if (year % 100) == 0:
        if (year % 400) == 0:
            print("{}是闰年".format(year))
        else:
            print("{}不是闰年".format(year))
    else:
        print("{}是闰年".format(year))
else:
  print("{}不是闰年".format(year))
```

```
输入一个年份：1988
1988 是闰年
```

132. # 输出日期

```
import calendar
yy = int(input("输入年份："))
mm = int(input("输入月份："))
print(calendar.month(yy,mm))
```

```
输入年份：1988
输入月份：6
     June 1988
Mo Tu We Th Fr Sa Su
       1  2  3  4  5
 6  7  8  9 10 11 12
13 14 15 16 17 18 19
20 21 22 23 24 25 26
27 28 29 30
```

133. # 经典起泡法排序，将序列元素按从小到大排序

```
List = [56, 12, 1, 8, 354, 10, 100, 34, 56, 7, 23, 456, 234, -58]
def sortport(lst):
    for i in range(len(lst)-1):
        for j in range(len(lst)-1-i):
            if lst [j] >lst [j+1]:
                lst [j], lst [j+1] = lst [j+1], lst[j]
    return lst
print(sortport(List))
```

```
[-58, 1, 7, 8, 10, 12, 23, 34, 56, 56, 100, 234, 354, 456]
```

134. # 导入 time 库，显示当前时间

```
import time
print(time.ctime())
```

```
Sun Nov  6 10:10:35 2022
```

135. # 导入 math 库，计算圆周率

```
import math
print(math.pi)
```

```
3.141592653589793
```

136. # 出现异常通过运行 except 子句而不会报错

```
a = 123
try:
    print(a/0)
except ZeroDivisionError:

    print("除数不能为 0")
```

```
除数不能为 0
```

137. # 当满足具体异常名称时运行对应的 except 子句

```
a = 123
try:
    print(a/0)
except ZeroDivisionError as err1:
    print("除数不能为 0")
except:
    print("其他未知错误")
```

```
除数不能为 0
```

138. # 导入 json 库，处理 json 文本

```
import json
#将x 的值以json 格式写入y
x = '{"原告":"李某", "被告":"陈某", "法院":"北京"}'
y = json.loads(x)
#输出y，结果是python 字典
print(y["原告"])
print(y["被告"])
print(y["法院"])
```

```
李某
陈某
北京
```

139. # 读取文件

```
# ‘C:\\User\\surface\\Desktop\\是文件所在的文件夹路径，而法律 AI 课程(1)
  是文件名
with open('C:\\Users\\surface\\Desktop\\法律 AI 课程（1）.txt')as file_object:
# 文件必须存在，否则会报错。上述文件只是展示用的，需要有存在自己
  电脑中的文件。
    contents = file_object.read()
print(contents)
```

法律人工智能概论

张力行老师

法律实验室创始人

课程大纲

一、课程开设的背景

2016 年 3 月 AlphaGo 战胜韩国棋手李世石九段再次掀起人工智能的热潮，世界各国都将人工智能的研发和应用作为国家的重大发展战略。为此，

2017年7月8日国务院印发了《新一代人工智能发展规划》，旨在使我国的人工智能水平在2030年居于世界领先地位，其中“人工智能+X”的复合专业的人才培养就包括法学，这意味着法学教育将打破文理科的界限，大规模的改革势在必行。国内一些法律院校率先成立了“法律人工智能实验室”和“法律人工智能学院”。

二、课程的目的与意义

以人工智能为推手的新一轮科技革命和产业革命的热潮已经到来，为培养适应人工智能时代的法律人才，应该开设《法律人工智能概论》的课程，以适应人工智能时代的要求，让学生从零开始了解什么是法律人工智能，掌握法律人工智能的基本知识。法律人工智能需要培养跨学科的复合型人才，需要既懂法律，又懂人工智能，但目前无论是师资，还是教材都无法满足法律人工智能的人才培养需要。我们希望《法律人工智能概论》课程的设置可以填补上述空白。人工智能是最能激发同学们的好奇心、想象力和创造力的领域，这也是开设《法律人工智能基础》这门课的目的所在。

三、课程内容与时间安排

《法律人工智能基础》的课程大纲初步计划由十个章节，100多个PPT和若干思维导图组成，并附有参考文献。课时安排为32个学时，其中20个学时为课堂授课时间，12个学时为法律人工智能软件的实际操作和练习时间。

课程规划

四、实训环节

有别于其他法律课程，《法律人工智能基础》是一门更加实践性的课程，除了让同学们了解人工智能的历史和发展、人工智能的基本概念和理论外，《法律人工智能基础》这门课将更加强调理论联系实际，让同学实际使用已经开发的法律人工智能产品，并学习一些基础的编程和统计软件，为进一步的法律学习和未来的法律工作打下良好的人工智能基础，参与一些法律人工智能的研发工作。

140. # 操作文件

```
# 写文件，在本目录下创建一个文本文件，并写入文本
with open("test.txt","wt") as out_file:
    out_file.write("该文本会写入到文本中\n 看到我了吗？")
# 读文件，读取该文件
with open("test.txt","rt") as in_file:
  text = in_file.read()
# 输出读取的内容
  print(text)
```

```
该文本会写入到文本中
看到我了吗？
```

141. # 导入 numpy 库，求平均数

```
import numpy as np
A = [80,70,75,89,90,91,95,97,99,92,93,96,98,99,100]
平均值 = np.mean(A)
print('平均成绩是：{}'.format(平均值))
B = np.array(A)
print(B)
print('低于平均成绩的有：{}'.format(B[B<平均值]))
```

```
平均成绩是：90.93333333333334
[80 70 75 89 90 91 95 97 99 92 93 96 98 99 100]
低于平均成绩的有:[80 70 75 89 90]
```

142. # 绘制斜线图

```
# 导入 matplotlib 库
import matplotlib.pyplot as plt
# 定义一组数据
squares = [-10,2,9,16,25]
# 创建一个包含单个子图的图形和坐标轴
fig,ax = plt.subplots()
# 绘制折线图
ax.plot(squares)
# 显示图形
plt.show()
```

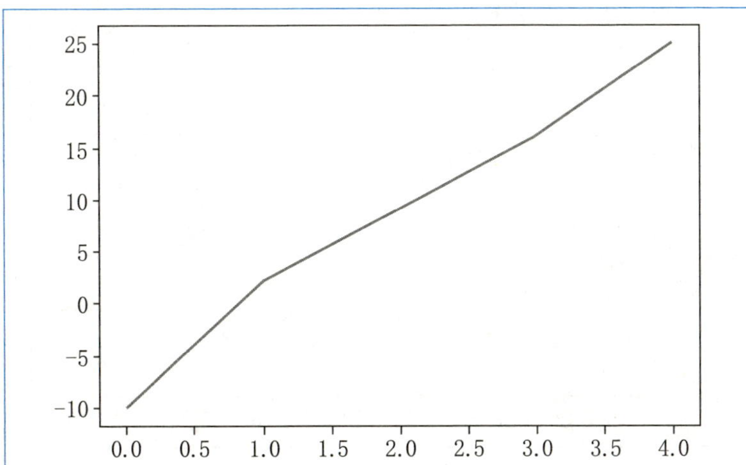

143. # 绘制曲线图

```
# 导入Numpy库和matplotlib库
import matplotlib.pyplot as plt
import matplotlib.pyplot as plt
import numpy as np
# 生成数据
x=np.linspace(10,30,60)
y=np.sin(x)
# 绘制曲线图并使用'X'标记
plt.plot(x,y,marker="x")
# 显示图形
plt.show()
```

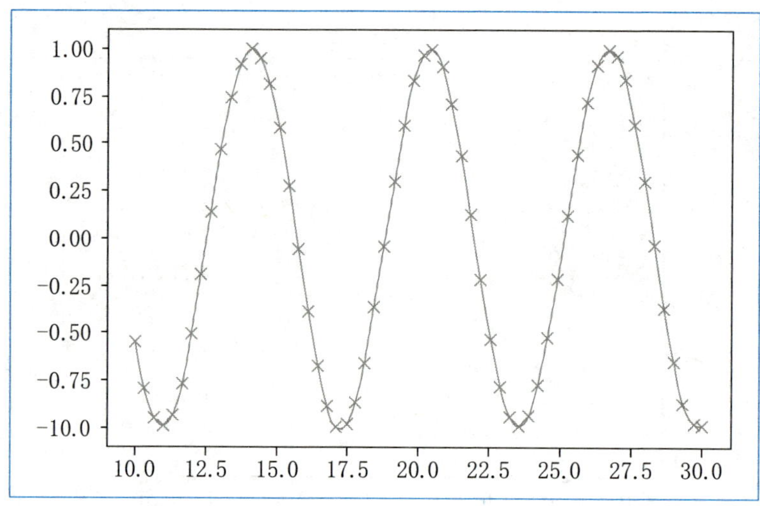

144. # 绘制散点图

```
# 导入 numpy库和 matplotlib库
import numpy as np
import matplotlib.pyplot as plt
# 示例数据
np.random.seed(0)
features=np.random.randn(100,2)
# 生成100个样本，每个样本包含2个特征
target=np.random.randint(0,2,size=100)    # 生成100个样本的目标值，取值为0或1
# 绘制散点图
plt.scatter(features[:,0],features[:,1],c=target)
# 显示图形
plt.show()
```

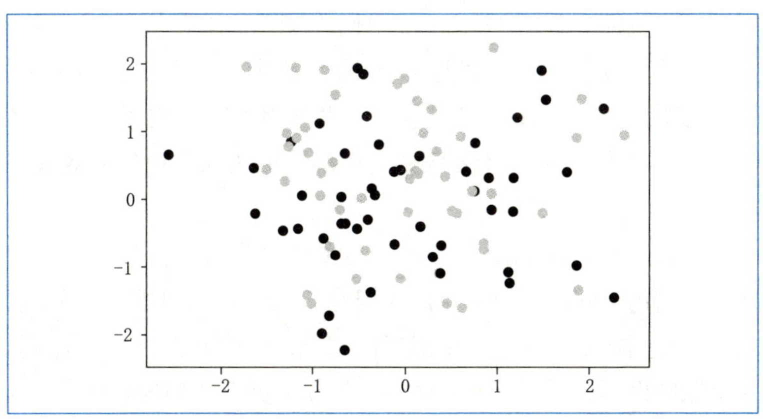

145. # 安装第三方库

```
# 使用pip install 安装numpy库
pip install numpy
# 导入Pandas库
import pandas as pd
# 创建数据框
dataframe = pd.DataFrame()
# 增加数据列
dataframe['姓名'] = ['张','王','李','陈','赵']
dataframe['年龄'] = [25, 35, 40, 50, 55]
dataframe['职业'] = ['工人','老师','医师','律师','法官']
dataframe['籍贯'] = ['北京','上海','天津','深圳','广州']
dataframe['婚姻'] = ['未婚','未婚','已婚','已婚','离异']
# 查看数据列表
print(dataframe)
```

	姓名	年龄	职业	籍贯	婚姻
0	张	25	工人	北京	未婚
1	王	35	老师	上海	未婚
2	李	40	医师	天津	已婚
3	陈	50	律师	深圳	已婚
4	赵	55	法官	广州	离异

虽然我们准备的 Python 常用代码〔1〕可以给大家的学习带来很大的方便，但最好的学习方法还是让大家主动参与进来，发挥聪明才智、想象力和创造力，也动手编写适用于法律任务的 Python 代码，这远比死记硬背 Python 语法和常用代码效果好得多。

最后，请永远记住，写代码其实很像我们写文章，同一个任务可以用不同的代码来完成，但是一定遵守简单即美的原则，也就是我们在本书第 2 章中引用的“Python 之禅”所说的原则。这个原则也同样适用于我们的法律工作，甚至我们的生活。

---

〔1〕 上述常用代码可以复制粘贴到 Python 编程环境中运行，也可以根据任务需要修改代码和参数。如果运行报错，可以上传代码，让 ChatGPT 和国内的 AI 工具查找 bugs，并给出正确代码。

附录 3　Python 课程表

课时：20 学时

章次	题目	课次	内容覆盖	时长
第 1 章	Python、计算机与编程	1	软件、操作系统、硬件的关系 软件包含什么？硬件包含什么？ 解释型、编译型，简单举例说明差异 Python 是为数不多的几个开箱即用的语言 Python 的优势：快速上手、办公自动化、数据分析、神经网络、爬虫	30 分钟
		1	入门学习 Python 我们考虑的 IDE 选型 首选 Anancoda 集成开发环境 使用自带 Jupyter 编辑器 ，安装便捷且包含 Python 解释器、起步简单、设置少	25 分钟
第 2 章	Python 简史	1	1989 年的圣诞节，由荷兰人 Guido van Rossum 开始开发 1991 年正式发布，官网；www. python. org 今天，Python 压倒 C，C++和 Java 成为最好的 AI 语言 科学家、工程师、教师、金融从业者、企业管理者等都是 Python 的忠诚用户 法律人也在学习 Python 了	30 分钟
第 3 章	Python 入门	1	Python 的 IDE，首选 Anancoda，安装 Anancoda Anancoda 集成开发环境，使用自带 Jupyter 编译器 安装 Jupyter Notebook 开始编程 print（“Hello World”），你的第一条代码 你的第二条代码，import this，阅读 Python 之禅	30 分钟
第 4 章	Python 数据结构	2	什么是数字（整数、浮点数）？ 什么是列表？ 什么是字符串？ 什么是布尔值？ 什么是字典？ 什么是元组？	60 分钟
第 5 章	Python 常用英文	1	95 个 Python 常用英文，根据 Python 的结构，分成 17 类 无须死记硬背，在使用过程中即可掌握	30 分钟

续上表

章次	题目	课次	内容覆盖	时长
第 6 章	Python 保留词	1	Python 有 35 个保留词，每个保留词都有特殊的功能及使用规则	30 分钟
第 7 章	Python 变量	1	什么是变量？ 如何定义变量？ 变量的基本类型和声明 变量的命名规则 变量的多次赋值	25 分钟
第 8 章	Python 数据运算	1	算术运算、比较（关系）运算、赋值运算、逻辑运算、成员运算、运算符优先级	25 分钟
第 9 章	Python 流程控制 if else 语句	1	程序的本质就是一切皆逻辑，逻辑源自于：如果（if），然后（else） if else 的基本语法：缩进（indent）和从属关系 if 多个条件，if elif else	30 分钟
第 10 章	Python 流程控制 for 或 while 语句	1	没有逻辑就没有程序，程序离不开有循环 什么是循环？ 为什么要有循环？ 如何声明 for 或 while 循环？ 两者有什么区别？ 如何使用 break 和 continue 语句？	30 分钟
第 11 章	Python 函数	1	什么是函数（Function）？ 函数的种类 函数的声明 函数的调用 函数的参数 内置函数 全局变量 局部变量	30 分钟
第 12 章	Python 面向对象：类的使用	1	什么是面向对象？ 在 Python 中一切皆对象 如何声明和调用对象？ 对象的 3 大特征和如何使用？	25 分钟
第 13 章	Python 常用操作	1	字符串、列表、字典、元组的操作方法和嵌套 字符串（拼接、大小写、删除空白、分隔、替换和提取元素、添加换行符） 列表（声明列表、增删改查、排序、索引、切片、遍历） 元组（声明元组、排序、合并、for 循环遍历元组的值、不可变）	30 分钟

续上表

章次	题目	课次	内容覆盖	时长
第 13 章	Python 常用操作	1	字典（声明字典、键值对、增删改查、合并、遍历） 嵌套（列表中嵌套列表、字典中嵌套字典、列表中嵌套字典、字典中嵌套列表）	
第 14 章	Python 报错与异常处理	1	为什么要有异常处理？ 常见错误：语法错误、列表错误、缩进错误等 Try/except 语句捕获异常	30 分钟
第 15 章	Python 第三方库	1	Numpy、Pandas、Scikitlearn、TensorFlow、Keras、Gensim、Jieba、Matplotlib 等 Python 第三方库的介绍及安装	30 分钟
第 16 章	如何用 ChatGPT 学习 Python	2	什么是 ChatGPT？ 如何向 ChatGPT 提问和提示词的使用 用 ChatGPT 做数据结构、基本语法、常用操作等代码示例	60 分钟

注：上述 20 学时课程完成后，可进入本书第 17 章列举的 10 个法律实践项目进行演练。

附录 4　法律 AI 实验室课程设置

2016 年，AlphaGo 战胜韩国棋手李世石九段，掀起了人工智能的热潮。它使我感觉到这次人工智能的突破，将给人类社会带来的颠覆性的影响，传统的法律领域也不例外。那一年，我做了一个“法律实验室”，从此开始了法律人工智能的研发，但是一切都没有想象的那么容易。直到 2022 年 11 月 30 日，OpenAI 发布了 ChatGPT 才使我真正感觉到人类开始有可能触摸到强人工智能（AGI）的临界点，因为它一下子解决了我之前遇到的很多技术障碍。

北京理工大学法学院智慧法治实验室

虽然，在 ChatGPT 之前我们已经有了“智慧法学院”的想法，并设计了教学大纲和讲义编写，但真正落地还有不少技术障碍。ChatGPT，这个影响整个人类社会的颠覆性技术，使“智慧法学院”构想的可能性大幅提升，但是如何使未来的法学院成为人工智能的智慧法学院，则需要大胆尝试。根据我们在法律人工智能研发第一线的经验，我们帮助深圳职业技术大学、北京理工大学法学院、福州大学法学院建立了“法律 AI 实验室”。这个实验室既可以用于教学，还可以用于老师和学生们的法律人工智能项目研究。

为了推动“智慧法学院”的建设，更好地理论联系实际，我设计了如下这个“法律 AI 实验室课程设置”。它既有让法律人了解这个领域的宏观面貌的法律人工智能概论，也有实践性的 Python 编程基础、机器学习、深度学习的课程和涉及法律人工智能领域研发的实战项目。

法律AI实验室课程设置

- 法律人工智能概论
  - 人工智能概念和发展历程
  - 人工智能在法律界的应用
  - 未来的法律世界
  - 法律人工智能的应用场景、应用案例和技术挑战
  - 数理统计与编程语言
  - 生成式AI在法律界的应用
  - 人工智能对人类社会的影响与对策
- 编程基础
  - Python环境搭建
  - Python数据结构
  - Python基础语法
  - Python常用操作
  - Python报错与异常处理
  - Python第三方库的导入和应用
- 机器学习
  - 监督学习
  - 无监督学习
  - K近临算法
  - 线性回归算法
  - 朴素贝叶斯算法
  - 决策树算法
  - 支持向量机算法
- 深度学习
  - TensorFlow环境搭建
  - Keras环境搭建
  - 神经网络
  - 卷积神经网络
  - 循环神经网络
  - 长短期记忆
- 自然语言处理
  - 分词、词频
  - 词袋模型
  - 词频-逆文档频率
  - 词向量
  - BERT
- 实战项目
  - 智能法律检索
  - 法律文本分词与分频
  - 爬取法律数据
  - 法律数据处理与分析
  - 法律文本相似度计算
  - 智能判案系统
  - 智能合同审核
  - 生成式AI和法律大模型

课程设置中的“法律人工智能概论”和“Python 编程基础”，可以用我的相关讲义、PPT 以及本书，由法学院对科技感兴趣和电脑操作比较熟练的老师和计算机学院的老师一起授课，这样可以使法学院学生对人工智能更感兴趣。而机器学习、深度学习、自然语言处理的课程，对于法学院的老师来说比较困难，则可以由计算机学院的老师，根据法学院学生的需求，深入浅出地讲授。

由于我设计的“法律 AI 实验室课程设置”几乎涵盖了计算机学院本科的所学课程，对文科背景的法学院学生来说会比较难，所以法学院可以实际情况和师资资源，灵活安排课程和实战项目，循序渐进，在实践过程中摸索经验。鉴于国内已经有

一些法学院建立了“法律人工智能学院或专业”，这个课程设置基本上可以满足他们的教学需求。

正如我在本书开始时说的：“Python 编辑基础是法律人学习 AI 的必由之路。”我们在使用 ChatGPT 等大模型落地法律领域时，需要做提示工程和微调，这些都离不开 Python 的基础知识，而且基本上都是在 Python 系统上进行的。可见学习 Python 有多么重要。

令我感到欣慰的是，以 ChatGPT 为代表的生成式人工智能的诞生，不仅使学习 Python 编程的学习曲线不再陡峭，学习时间大幅缩短，还使同学们做实战项目的难度也大幅降低。在此之前，你必须先完成 Python 编程、机器学习、深度学习和自然语言处理的课程后，才能开始做“法律 AI 实验室课程设置”的实战项目，而且还会遇到很多困难。今天，你只要完成 Python 编程课，能够读懂 Python 代码和简单操作，即可自己动手在 ChatGPT 的协助下完成基本的实战项目了。我相信，如果你参与进来，用不了多久就能领略生成式 AI 的神奇本领，并畅想未来法律世界之美。

最后，我希望通过“法律 AI 实验室”的课程和实践项目，在法学院的传统课程中融入人工智能的元素和技术，使法学院的教学和研究跟上生成式人工智能飞速发展的步伐，为我国法治现代化培养更多复合型的法律人才。

“法律 AI 实验室课程设置”中的机器学习、深度学习和自然语言处理（NLP）课程，可以参考如下几乎不用复杂的数学公式，只用简单的 Python 代码就可以学懂机器学习、深度学习和自然语言处理（NLP）的资料：

1. ［德］Andreas C. Muller、［美］Sarah Guido：《Python 机器学习基础教程》，张亮译，中国工信出版集团、人民邮电出版社 2018 年版。

2. ［美］弗郎索瓦·肖莱：《Python 深度学习》，张亮译，中国工信出版集团、人民邮电出版社 2023 年版。

3. 周元哲编著：《Python 自然语言处理（微课版）》，清华大学出版社 2021 年版。

参考文献

1. ［英］马丁·坎贝尔–凯利、［美］威廉·阿斯普雷、内森·恩斯门格、杰弗里·约斯特：《计算机简史》，蒋楠译，余晟审校，中国工信出版集团、人民邮电出版社2020年版。
2. ［美］埃里克·马瑟斯：《Python编程：从入门到实践》，袁国忠译，中国工信出版集团、人民邮电出版社2016年版。
3. ［美］沃伦·桑德、卡特·桑德：《父与子的编程之旅：与小卡特一起学Python》，杨文其、苏金国、易郑超译，中国工信出版集团、人民邮电出版社2020年版。
4. 关东升：《看漫画学Python》，赵大羽绘，中国工信出版集团、电子工业出版社2020年版。